Estudio Grafológico del Transexualismo y el Travestismo

Manuel Alcántara Callejas

Autor del texto, Manuel Alcántara Callejas. Año 2009

Diseño de portada y maquetación, Manuel Alcántara Callejas. Año 2009

Registro de la Propiedad Intelectual nº V-1454-09 (España)

Registro de la Propiedad Intelectual SafeCreative, Código 0910114671907

ISBN: 978-84-9916-330-7

Depósito Legal: PM 2676-2009

safeCreative

0 910114 671907

INFO ABOUT RIGHTS

*Dedicado a Olvi, a Josu
y a "mis chicas"*

INDICE

Introducción 9

¿Qué son el Transexualismo y el Travestismo? 21

Caso 1 31

Caso 2 45

Caso 3 53

Caso 4 63

Caso 5 77

Caso 6 97

Caso 7 113

Rasgos comunes en los casos estudiados 129

Bibliografía 135

Introducción

Todas las personas que vivimos en una gran ciudad estamos rodeados de miles de almas que nos son ajenas. Individuos de los que no conocemos nada. Nada sobre su vida, nada de su forma pensar, nada del cómo se relacionan con sus compañeros de trabajo, con sus amigos, con sus familiares, o de qué forma se relacionarían conmigo o con ellos mismos.

Todos somos unos completos desconocidos para nuestros semejantes.

Sin embargo aquí estamos. Tanto ellos como uno mismo. Viendo ese continuo ajetrear humano, cabe preguntarse en uno de esos momentos introvertidos y filosóficos por los que pasamos de vez en cuando, *"¿y quienes son?"*, *"¿qué sentiría yo si estuviese en su cuerpo o en su mente?"*, *"¿quién lo espera en su hogar?"*, y un largo etcétera, tan largo como larga imaginación tengamos.

Estas y otras disquisiciones, tan íntimas y tan sin respuesta, son aún más atrevidas y atractivas, si en vez de sentarnos en el banco de un parque e interiorizar estas preguntas mientras observamos amas de casa, niños, ejecutivos o trabajadores; lo hiciésemos sentados en el interior de nuestro vehículo, mientras circulamos silenciosos en la más oscura noche por un barrio marginal de una gran ciudad española, al tiempo que a través de los vidrios de las ventanillas vemos desfilar en su particular mundo a las prostitutas, los chaperos, toxicómanos y delincuentes rodeados de todos sus acólitos y afines.

En ese caso se encuentra el que suscribe, que conocedor de la ciudad nocturna, - *esa que cierra sus comercios, silencia sus parques, acuesta a sus niños y levanta a sus adultos más crápulas* - y aprovechando que tiene la oportunidad de codearse cara a cara con esta ciudadanía sumergida, le asaltaron todas esas preguntas, llevado por la sana curiosidad de todo ser humano, así como por la deformación profesional y el conocimiento que nos da de la psique mi querida e inestimable grafología.

Me fijé como objetivo de estudio psicografológico el colectivo de la prostitución, y más concretamente el compuesto por transexuales y travestís masculinos.

Ardua tarea el conseguir colaboración de este gremio, ya que son numerosos los factores para que no se presten a comunicarse o acercarse siquiera a los desconocidos que como yo, no muestran un claro interés por su mercadería.

Eso les hace recelar, y con mi sola presencia, la mayoría de ellos se marchan del lugar, furtivamente unas veces y sin disimulo la más de ellas.

Desconocen con quién van a tratar y temen dar de bruces con agentes policiales de paisano, debido a problemas de documentación personal, expulsiones por extranjería pendientes de su ejecución, órdenes de detención o ingreso en prisión, requisitorias judiciales, o la simple desconfianza; y es que el mundo de la prostitución se encuentra íntimamente ligado a multitud de actividades, algunas de ellas ilícitas.

En realidad fueron pocas las personas que se prestaron amablemente a tal fin, pues además de abordarles y explicarles en breves y muy comprensibles palabras cuales eran mis intenciones, procedía después a coger una muestra escritural, siendo también sometidas a un cuestionario, pequeña anamnesis, a fin ampliar y cotejar información con posterioridad.

Imagínese el lector. Todo este proceso en plena calle, sirviéndonos de improvisada mesa el capó del maletero de mi vehículo, y de flexo la amarillenta iluminación que prestan las escasas farolas, cómplices de amores callejeros y juegos prohibidos.

Comprendo que para ellos/as era, cuanto menos, algo engorroso y pintoresco a la vez, por tanto, tengo en gran estima las escasas muestras que conseguí recopilar, y aun a sabiendas que no representan un número importante y suficiente para sacar conclusiones objetivas y aplicables a todo un colectivo, si creo que pueden dar una idea sobre cómo viven y piensan estas personas.

Quizás unas pequeñas pinceladas para responder alguna o algunas de esas preguntas que nos inquietaban y expusimos al principio.

Quizás una idea difuminada para ser conscientes que existe otro mundo más allá del nuestro.

Quizás una fugaz idea para saber dar gracias por todo lo que tenemos, y darnos cuenta que hay otros con una vida mucho más difícil que la nuestra.

La personalidad es muy compleja, y por tanto complejo sería acércanos siquiera a la forma de pensar y vivir de estas siete personas. Este estudio se centra únicamente en dar una idea superficial de los rasgos generales de personalidad de cada uno de ellos, a fin de hacernos una imagen global de cómo sienten y viven, he intentar dilucidar si la condición de transexualidad o travestismo en que desarrollan su día a día, se asoma y refleja matices en sus escrituras. Sorpresivamente también he podido percibir alguna tipología clínica, física o psíquica, en base a las leyes de la grafopatología, y así lo he hecho constar.

En cuanto al método de análisis escritural, he creído conveniente seguir la escuela tradicional que se desarrolla actualmente en nuestro país, y descomponer la grafía en sus diez aspectos morfológicos básicos.

Estos son. Orden. Márgenes. Tamaño. Forma. Presión. Dirección. Inclinación. Cohesión. Velocidad y Rúbrica-Firma. Así mismo, para analizar aspectos muy puntuales de determinadas muestras de escritura se han debido de aplicar técnicas e instrumental específicos de pericia caligráfica.

No obstante, y a modo de introducción, me gustaría repasar algunos aspectos que considero de suma importancia.

El primero de ellos sería un sucinto análisis, sin contar con el auxilio de la grafología, del significado científico de lo que considera la sociedad sobre estas conductas sexuales.

Travestismo y Transexualismo son dos conceptos sobre los que existe todavía hoy mucha confusión. Es uno de los muchos ejemplos que pueden llevarle a uno a poner en entredicho los criterios sobre los que se asienta la Sexología, así como parte de la Psiquiatría.

Y es que estos dos conceptos de Travestismo y Transexualismo, reciben abundante tratamiento en esta última disciplina médica, la que trata los desórdenes mentales.

Según el *"Manual Diagnóstico y Estadístico de los Trastornos Mentales"*, ambos se encontrarían dentro de la categoría de "Trastornos sexuales y de la identidad sexual", posicionando al primero en la subcategoría de parafilias (también conocidas como desviaciones o perversiones), y asociando al segundo con frecuentes casos de psicopatías.

Desde las perspectivas psicoanalíticas, la confusión de criterios no se aclara precisamente. Las interpretaciones del fenómeno se centran mucho en el pene, en base a su nivel de exhibición, aceptación, odio e incluso castración. Se menciona la posibilidad de un delirio psicótico en los transexuales.

Respecto a las psicopatías, es probable que sea cierto, si escarbamos en los anales de la criminología, ya que bastantes psicópatas habían iniciado una pendiente hacia el transexualismo, pudiendo citar como ejemplo conocido al asesino en serie Theodore Robert Cowell Bundy, llamado popularmente Ted Bundy, 1946 - 1989 (*se supo de su travestismo de "closet" – se travestia en la intimidad –, así como que mataba a mujeres jóvenes porque le recordaban físicamente a su madre. Esto último es muy curioso, y más si tenemos en cuenta que cuando era pequeño le hicieron creer que sus abuelos eran sus padres y que su madre era su hermana, lo que evidentemente, generó una personalidad en extremo caótica*), pero en general, cabe decir que un síntoma no constituye la estructura completa de la personalidad.

Seguidamente veremos algunos interesantes rasgos de la escritura de este asesino y como afectaban a su sexualidad.

Vista parcial de un manuscrito de Ted Bundy

Los inicios de palabra son rectos y largos, ascendentes desde más abajo de la línea de escritura. Esta escritura presenta además, numerosos ganchos y arpones. El cuerpo central es grande. Por lo tanto, nos encontramos ante un sujeto con una personalidad egocéntrica, egoísta, muy agresiva, inconformista, materialista, con una mente muy confusa y obsesionado por la figura materna.

Fragmentos y palabras sueltas del escrito anterior

La curvatura de los óvalos se convierten en ángulos en la base. Lo mismo ocurre en las ligaduras entre letras. Denota personalidad agresiva, con explosiones de genio, susceptible, mentirosa y llena de resentimientos.

Detalle de los pies en las letras "p" y "f"

Anormalidades en los pies, propias del mundo de los instintos más mundanos, haciendo referencia en su caso a la sexualidad e incluso la sensualidad. En este caso se trata de la "*p*" y la "*f*". Rasgo exageradamente inflado. Excesiva presión en trazo descendente y mucho más fina en el ascendente. Compulsividad en el terreno sexual. Desequilibrio imaginativo, que en su caso le llevó al travestismo. Bloqueos sexuales. Obsesión por temas pornográficos. Indolencia.

Detalle de los pies en la letra "g"

Aunque en realidad, esta faceta de la persona pueda ser estudiada en todas las letras con pie, la "*g*" es el grafismo que tradicionalmente mejor retrata la sexualidad.

Compuesta por óvalo y pie nos da amplia información al respecto, así como su cohesión a la letra siguiente, en el caso de que existiese.

En este caso vemos un óvalo inflado y doble, pudiendo interpretarse como importancia del "yo" y egoísmo en detrimento de la pareja, así como sensualidad y espíritu aventurero en el terreno sexual.

Respecto al pie, también es inflado y curvo, percibiéndose fantasías sexuales e imaginación desbordada. Hace partícipe (*en su caso, sin consentimiento de la otra parte, asesinando posteriormente al acto sexual*) a su pareja de tales fantasías, puesto que existe ligadura con la letra siguiente.

Detalle de la palabra "essential", donde se señalan con una flecha los rasgos reseñados

Angulosidad, rasgos iniciales por debajo de línea de escritura, "t" con barra muy alta, lanzada hacia la derecha y terminación aguda, óvalos ausentes o muy angulosos (como son los de las "e"), ausencia del punto de la "i"; todo ello nos está hablando de autoritarismo despótico, violencia, exagerado buen autoconcepto, descuido, soberbia y conflictividad.

Fragmento casi ilegible

Se vuelve a apreciar la angulosidad de la grafía, así como la mayúscula inflada en la cresta. El autor intenta supercompensar sus complejos de inferioridad, creándose una imagen positivista e irreal de él mismo, al verse muy superior a los demás.

19

Fragmentos de palabras sueltas

En estas letras se puede comprobar la preocupación de esta persona por el terreno sexual. Tanto es así, que se trata de una obsesión, al inflar pies que no debiera como el de la "p", así como en la regresión de los rasgos, tales como la cohesión de "f-r" y el rasgo final de "p".

Además se puede comprobar como descienden todas las palabras por debajo de la línea de escritura. Se apoderan de su mente los sentimientos de angustia y depresión.

◻   ◻   ◻

¿Que son el Transexualismo y el Travestismo?

Se puede considerar al travestismo como una manifestación fetichista, sobre todo cuando la persona necesita casi exclusivamente vestirse con ropas del sexo opuesto para conseguir excitación erótica y sexual. El principal problema es que puede ocasionar trastornos emocionales, sentimientos de culpa o vergüenza. La pareja sentimental, en el caso de que exista, también puede vivenciar esta situación de forma muy confusa, debido a la educación y a los estándares socioculturales que nos fueron inculcados.

La imagen de un hombre vestido de mujer se relaciona automática y negativamente con falta de hombría, homosexualidad, pasividad o desorden mental, pese a que el hombre travestido no muestre ningún carácter amanerado ni afeminado y conserve su rol activo, masculino y su autoestima.

Para este caso, el del travestismo heterosexual, el psicoanálisis ofrece herramientas de comprensión, con las que se puede estar o no de acuerdo.

Se le explica como una asociación y posterior fijación (*sobre todo en las primeras etapas del desarrollo sexual masculino. Entre los 9 y los 13 años según la mayoría de autores*), de los ropajes femeninos maternos, con la figura de la madre protectora y proveedora de seguridad, comprensión y armonía.

El objetivo del deseo, la mujer, ha sido proyectado hacia su ropa, en una búsqueda, en el fondo una admiración, por su esencia como madre.

El caso de las mujeres es más complicado y difícilmente detectable a simple vista, ya que por ejemplo es normal que vistan ropa de ambos sexos, sin tener que buscar en ello ninguna connotación sexual.

Es fácil y estéticamente aceptado como correcto, utilizar un estilismo que combine la ropa masculina, - una americana con corbata - y una falda con zapatos de tacón alto. Incluso aunque vistieran con ropa

totalmente masculina, puede que no se les vea como a mujeres atractivas, que las veamos demasiado masculinizadas, pero no las juzgamos igual que a los hombres, ya que lo vemos como algo mucho más cotidiano.

Básicamente hay cuatro clases de travestismo. Unos que se originan en la propia sexualidad y el que se fundamenta en la más íntima identidad sexual.

Travestismo Fetichista

El travestismo como expresión de la propia sexualidad es sencillamente un tipo de fetichismo, y no compromete necesariamente a la identidad sexual de quien lo practica.

Estos hombres lo son, o pueden serlo en todos los aspectos, y sin embargo, disfrutan imitando la estética o las formas femeninas con meros fines eróticos; es una forma de fantasía sexual. En definitiva es una manera un tanto sorprendente de hacer el amor sin que la pareja ideal esté presente, pudiendo clínicamente ser considerado como una desviación de la psicología endógena y social del sujeto.

Travestismo Histriónico

El travestismo como expresión teatral o transformismo es una de tantas formas de expresión artística y, si bien es difícil que a un actor de renombre (*salvo en la interpretación cómica y de imitación, que suele ser común*) le guste aparecer vestido de mujer, quien es verdaderamente actor, lo puede hacer con

mucha plasticidad y apoyado por los maquilladores, que buscarán obtener el personaje ideal de acuerdo al guión a interpretar.

Hay actores que repetitivamente actúan como mujeres, son los llamados "performers" en el mundo del teatro, esto se ha extendido a la televisión. A la actuación en sí misma, se puede agregar la sospecha de que la caracterización constante es una forma de travestismo.

Travestismo Homosexual

El travestismo se puede ver como una forma de cortejo en la prostitución homosexual. Es un artificio que usa el profesional que se prostituye ante sus clientes homosexuales, pero que no asimilan tal condición (*travesti de closet o en la intimidad muchos de ellos*). Se sentirán menos culpables al relacionarse con alguien que tiene al menos la apariencia externa de una mujer. Existe un mecanismo psicológico de compensación entre lo hecho y lo percibido. Para el cliente, no existe la sensación de haber practicado sexo con otro hombre, aunque la esencia sea esa.

El travestido prostituto se vale de la inseguridad del homosexual para incrementar su clientela a través del travestismo.

Travestismo Existencial

El travestismo como expresión de la propia identidad sexual implica que la psique no está en el fondo conforme con el propio sexo físico y con la propia personalidad sexual pública.

¿Necesitas un cambio?

Comporta entonces la producción de una personalidad sexual privada que resuelva el conflicto entre identidad sexual, por un lado, y la morfología o apariencia sexual por el otro. Por lo tanto, desde el punto de vista subjetivo de quien lo practica, es justo en ese momento cuando la persona reencuentra su unidad y coherencia sexual.

Visto lo anterior cabría preguntarse, ¿entonces que es un transexual?, ¿en que se diferencian transexuales y travestís?

26

El Travestismo Existencial es el más profundo de los expuestos, pues se trata, en la mayoría de los casos de la antesala al Transexualismo. Se necesita la transformación en el sexo opuesto, y no solo a nivel de apariencia exterior. No se trata solo de la ropa y el maquillaje. Es algo mucho más profundo.

Este último episodio se vive de forma intensa y a la vez conflictiva, pues el transexual pasa por diversas fases a lo largo de su transformación. Se las conoce como fases Anatómica, Genital, Social y Legal.

Un transexual, en líneas generales, sufre bastante por su situación, y más aún cuando no cuenta con el apoyo de sus seres queridos ni con el dinero para financiar ese costoso proceso de hormonización y de reasignación genital. A ello se suma la falta de apoyo social o la discriminación a la hora de encontrar un puesto de trabajo.

Es llamativo, pero en una sociedad occidental y moderna como la nuestra, sin contar la prostitución, ¿cuántos transexuales ha visto usted trabajar en puestos laborales cara al público?, ¿y en puestos de función pública?

Una persona que ha transformado totalmente su sexo físico y genital, ya no puede considerarse travestida bajo ningún punto de vista, ya que está asumiendo, íntima y socialmente, la apariencia y personalidad correspondiente al sexo físico de su innata identidad psicosexualidad.

Ahí están, pues, las diferencias básicas entre travestismo y transexualismo.

El transexualismo es complejo, tratándose de un fenómeno que se desarrolla durante años, y casi siempre al mismo tiempo que madura la personalidad, pues es la única manera de adquirir coherencia de la propia sexualidad y asumirla con plena conciencia y de forma satisfactoria.

Todo ello requiere autoreconocimiento de los propios instintos, recuperación de la autoestima e independencia personal, para actuar desde uno mismo, desinhibidamente y no desde los condicionamientos sociales.

Tras estas puntualizaciones, paso a exponer las muestras escriturales seleccionadas para este estudio, así como algunos rasgos llamativos y las conclusiones finales relacionadas con los comportamientos sexuales.

Los escritos originales fueron realizados en formato de folio A4, y algunos de ellos, en el idioma nativo del autor/a, por presentar problemas al expresarse en castellano. Así mismo, se adjunta a cada caso el cuestionario que se realizó *"in situ"*, así como las respuestas dadas a las diferentes cuestiones.

En éstas se respeta la forma original de expresión de la persona entrevistada, que si bien, no es la más académica, si es la más espontánea, y por ello de gran valor. Todo lo escrito por los entrevistados, lo fue de forma natural, no sujetos a ningún tipo de sugerencia, dictado o copia de otro texto.

Por impositivo legal, tanto constitucional como de ámbito penal, y al amparo del derecho a la intimidad y a la propia imagen, las imágenes de personas que ilustran el presente estudio no se corresponden a las que se prestaron a colaborar, sino que han sido extraídas de páginas públicas de internet.

Así mismo, no se mencionan datos que puedan llevar a la identificación o localización de las personas colaboradoras del mismo. Las firmas que figuran en las muestras escriturales son de su personalidad femenina, siendo por tanto pseudónimos, no correspondiendo a su verdadera filiación.

En los casos en que la firma corresponde al auténtico nombre del entrevistado, o aparezcan nombres o siglas de departamentos u organismos públicos o privados, se han tratado informáticamente para que no sean legibles.

CASO 1

CUESTIONARIO

Fecha 21 - Marzo - 2008

Edad 32 años (*8 años ejerciendo la prostitución*)
Nacionalidad Brasileña
Nivel Académico 2º grado
Sexo ♀ (*Reasignación sexual completa*)

01.- ¿Cuándo te diste cuenta que te sentías mujer? A los siete años.

02.- ¿Lo asumiste o intentaste luchar contra ello? Pedí ayuda a mis padres. Ellos me comprendieron pero no supieron ayudarme y buscaron ayuda médica.

03.- ¿Te hormonas? Desde la cirugía no. Me operé hace cinco años.

04.- ¿Desde cuando? Me hormonaba desde los diecisiete años.

05.- ¿Cómo te sientes con tu personalidad femenina? En la actualidad muy bien. Totalmente realizada, aunque tuve momentos de frustración.

06.- Si tuvieras que explicarle a un desconocido cómo eres, ¿Qué le dirías? Soy una persona tranquila, pero hasta cierto punto. Tengo todo lo que quiero.

07.- ¿Qué es lo que más te gusta de ti? FISICO: El coño y las tetas. PERSONALIDAD: La visión tan real que tengo de la vida.

08.- ¿Y lo que menos? FISICO: Los brazos, que los tengo muy delgados. Mi pareja dice que parece que se me van a romper. PERSONALIDAD: Cuando conozco a una persona que me importa mucho, el no poder decirle libremente de mi condición sexual anterior, por temor al rechazo.

09.- ¿Te gusta escribir? No mucho.

10.- ¿Escribes a menudo? No, pero leo mucho.

11.- ¿Crees que escribes bien? Tengo muy mala caligrafía.

12.- ¿Hay algo en tu escritura que te llame la atención? Nunca me he fijado.

13.- ¿Hay algo en tu escritura que te gustaría cambiar, o hacerlo de otra forma? Creo que tengo la letra muy grande. Me gustaría escribir más pequeño que ahora.

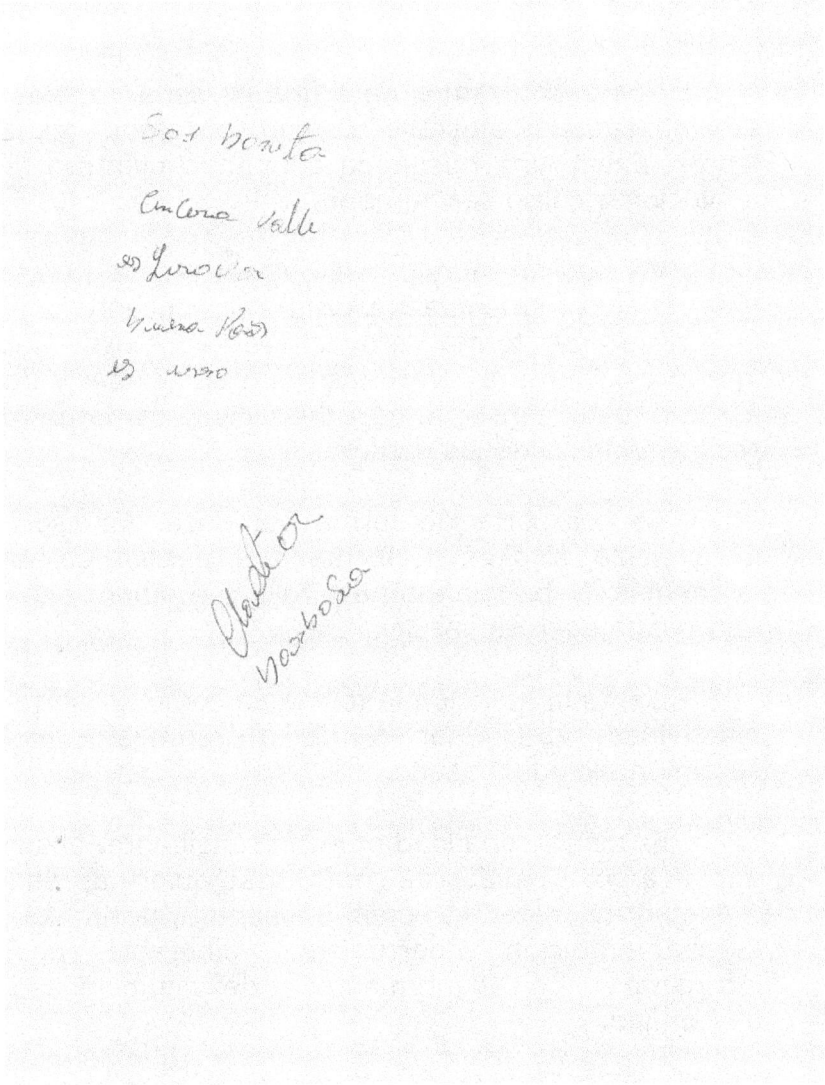

Personalidad del Caso 1

Nos encontramos ante una persona imaginativa, de inteligencia ajustada y con procesos mentales lentos. Existe una búsqueda del conocimiento a fin de evolucionar como ser humano.

Vive en un mundo irreal, construido a su imagen y semejanza. Presenta un gran autoconcepto pero no lo utiliza de forma provechosa al existir luchas interiores. Tiene un gran desorden emocional y quiere a toda costa conseguir la admiración, comprensión y reconocimiento de los demás.

Se comporta de forma vanidosa. Es asocial e introvertida, si bien, de forma condicionada se abre a los demás. Sabe cuando hacerlo y con quién, debido a una buena dosis de intuición.

Llama la atención la forma en como se cierra a la afectividad. Puede ser debido a traumas o heridas sentimentales del pasado.

Es de personalidad dura, intransigente, obsesiva, agresiva por pérdidas de control que quiere aprender a manejar, inconstante, versátil, insegura, pesimista, con escasa ambición, oportunista, vulnerable, egoísta, intrigante con sentimientos de culpabilidad y desconfiada.

En contraposición de lo anterior también presenta, generosidad, trato agradable, plasticidad, diplomacia y adaptabilidad a las circunstancias.

En el ámbito de la sexualidad es un gran inconveniente que la muestra carezca de pies. Aún así, denota cierta sensualidad, delicadeza y sensibilidad femenina. Es llamativo que su sexualidad femenina no la vive plenamente, aunque sí hay actividad sexual.

Parece como si no estuviese satisfecha con los resultados de su transformación genital, si bien, a nivel psicológico impera lo femenino sobre lo masculino.

La grafía también denota en varias de sus partes signos de enfermedad. Debido a que mi especialidad no es la Grafopatología, no pretendo dilucidar exactamente de qué enfermedad se trata, si bien, a mi juicio los rasgos tipo que se observan son característicos de patologías cardio-pulmonares.

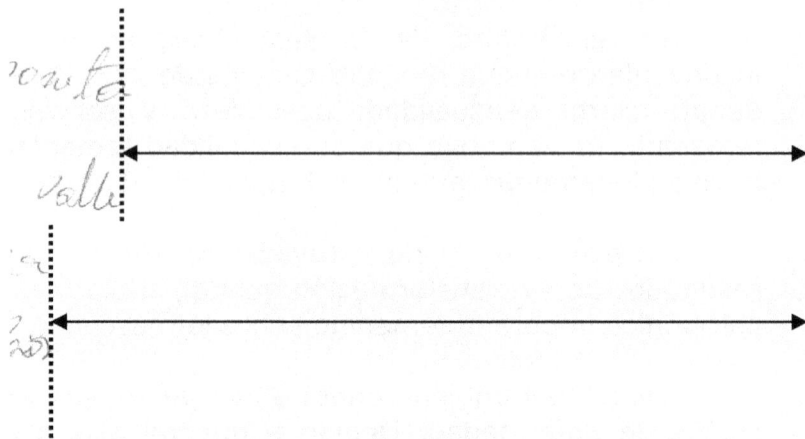

Margen derecho extraordinariamente grande.
Curiosamente, es más grande conforme avanza el
texto, y el acto escritural por tanto, se vuelve más
inconsciente. Miedo, más bien terror a las relaciones
humanas y sobre todo al futuro. Es aventurado, pero a
tenor del resto de rasgos puede ser debido a que es
consciente que sufre una posible enfermedad que para
ella es grave.

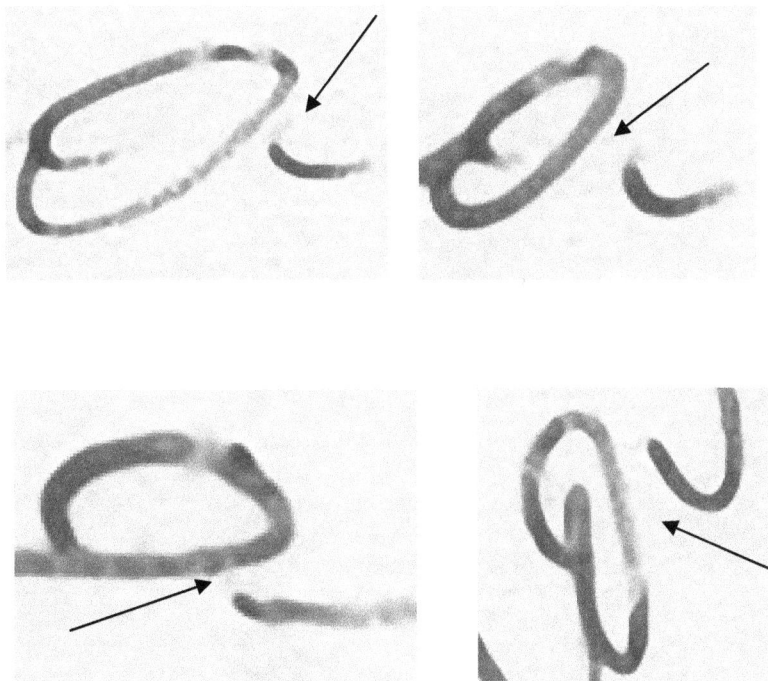

"a" minúscula realizada en varios trazos y separado el óvalo de la barra. Óvalos pinchados.
Existen disociaciones de la personalidad. Según numerosos autores, esta separación de trazos también indica parasitismo social. Sentimientos de culpabilidad.

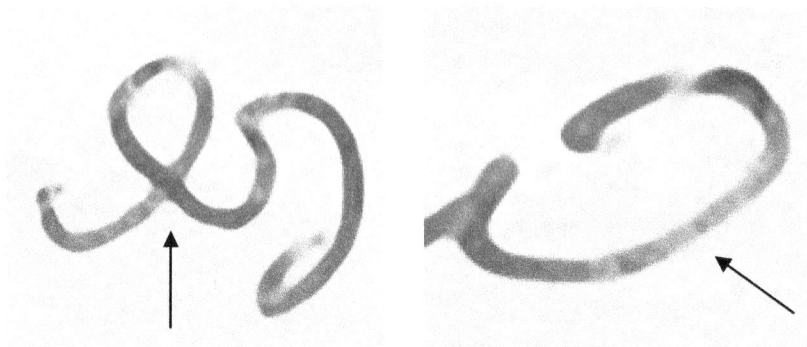

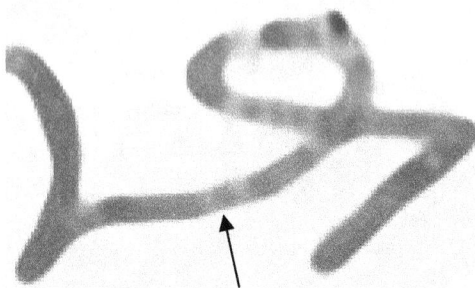

Torsiones. Síntomas de sufrimientos y angustias.

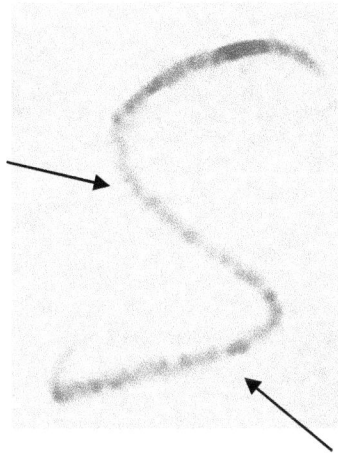

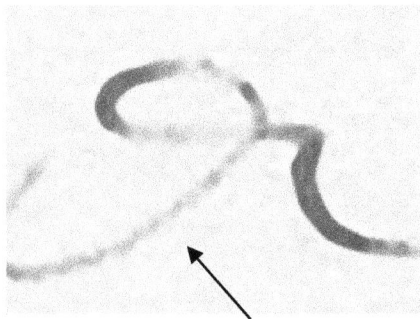

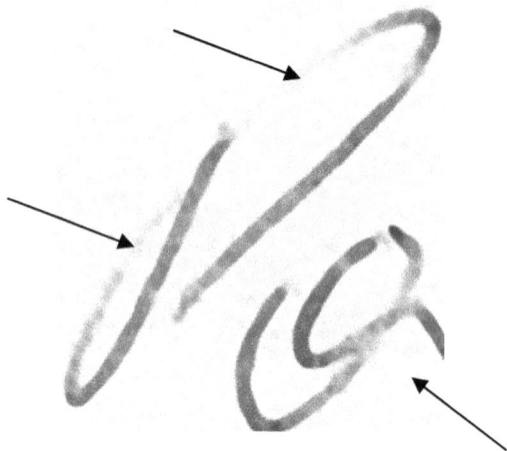

Fallos y debilitamientos de presión. Debilidad. Posible enfermedad. Apatía.

Líneas descendentes en $^+/_-$ 8° de media. Sufrimientos. Ansiedad. Síntomas depresivos.

Visto lo anterior, y teniendo en cuenta que la autora de la muestra se sometió a una operación de reasignación sexual (*transformación quirúrgica del pene en vagina*), cambiando con ello su estado civil, es obvio que estuvo sometida durante mucho tiempo a tratamientos hormonales. Concretamente, según su manifestación, durante diez años hasta el momento de la citada operación.

Sería largo de exponer - y tampoco es el tema principal de este estudio - los diferentes tratamientos hormonales a los que se somete un transexual, en este caso, y en los demás de este trabajo, para realizar una transformación de hombre a mujer.

Como simple apunte para ayudarnos a comprender, el tratamiento consta de dos fases clínico farmacológicas, interviniendo en ellas diferentes tipos de hormonas.

La primera fase consiste en la administración de <u>Antiandrógenos</u> (*"Acetato de ciproterona etinilestradiol"*, *"Androcur"*, *"Diane"* o *"Ketokonazol"*, por citar algunos).

La segunda fase consiste en administrar <u>Estrógenos</u> (*"Valeriato de estradiol"*, *"Etinilo estradiol"*, *"Premarín"*, etc), en unión de <u>Progestágenos</u> (*"Levonorgestrel"* o *"Provera"*, entre otros).

Pues bien, consultado el Vademécum resulta ser que, como pasa con la mayor parte de tratamientos farmacológicos, éste presenta efectos secundarios.

La primera parte del tratamiento, la seguida con Antiandrógenos se sabe que puede provocar malestar gastrointestinal, toxicidad hepática y *pulmonar*.

La segunda parte se caracteriza, por presentar entre otros efectos la osteoporosis, retención de líquidos, *hipertensión y posibles cardiopatías*.

Según consta en el formulario de preguntas realizadas a esta persona en el momento de la toma de la muestra escritural, ésta manifiesta que desde que se operó hace cinco años, ya no se administra ninguna hormona.

Existen en sus respuestas numerosas incongruencias, entre ellas lo referente a su hormonización, pues es sabido, que incluso después de la operación de cambio de sexo, el tratamiento hormonal con Estrógenos y Progestágenos se debe continuar, si bien con pautas diferentes y menores o diferentes dosis, siempre a criterio facultativo, no pudiéndose suspender el tratamiento, sino a riesgo de una androgenización nada deseable.

Esta pudiera ser la posible respuesta a esos rasgos de enfermedad que a mi juicio presenta la muestra de escritura.

El motivo que llevó a esta persona a mentir en la entrevista es algo que nunca sabremos, si bien no es un hecho sorprendente, ya que en su escritura se evidencian diferentes signos de tendencia a la mentira, imaginación desarreglada, irrealidad y confusión mental.

Ello también explicaría algunas de sus respuestas. Cuando se le pregunta, *"¿Cómo te sientes con tu personalidad femenina?"*, ella responde *"En la actualidad muy bien. Totalmente realizada,…"*. Su escritura muestra que esto no es así. Falso.

Cuando se le pregunta, *"¿Qué es lo que más te gusta de ti?"*, responde *"…La visión tan real que tengo de la vida"*. Como se ha podido ver, nada más lejos de la realidad.

◘   ◘   ◘

CASO 2

CUESTIONARIO

Fecha 21 - Marzo - 2008

Edad 27 años (*13 años ejerciendo la prostitución de forma eventual*)
Nacionalidad Boliviano
Nivel Académico 2º grado
Sexo ♂ (*Travesti*)

01.- ¿Cuándo te diste cuenta que te sentías mujer?
Nunca me he sentido mujer.

02.- ¿Lo asumiste o intentaste luchar contra ello? ------

03.- ¿Te hormonas? ---------------------------------

04.- ¿Desde cuando? ---------------------------------

05.- ¿Cómo te sientes con tu personalidad femenina?
No tengo personalidad femenina. Adopto el travestismo por motivos de trabajo. Me dedico al espectáculo haciendo números musicales. Cuando me faltan los contratos, que hay una época mala, entonces vivo de la prostitución.

06.- Si tuvieras que explicarle a un desconocido cómo eres, ¿Qué le dirías? Me considero muy guapo/a, soy buena persona y muy comprensivo.

07.- ¿Qué es lo que más te gusta de ti? FISICO: Todo mi cuerpo, pero destacaría los ojos. **PERSONALIDAD:** Mi altruismo: Siempre pienso en los demás.

08.- ¿Y lo que menos? FISICO: Mi estatura. Creo que soy bajito *(170cm)*. **PERSONALIDAD:** *(tras mucho meditar, no se le ocurre nada).*

09.- ¿Te gusta escribir? A veces.

10.- ¿Escribes a menudo? A veces.

11.- ¿Crees que escribes bien? Depende de mi estado de ánimo.

12.- ¿Hay algo en tu escritura que te llame la atención? La "n" y la "m" minúscula las escribo en *guirnalda**. Me gusta escribir así.

13.- ¿Hay algo en tu escritura que te gustaría cambiar, o hacerlo de otra forma? Nada.

La terminología "guirnalda" es adoptada por el autor para reseñar la tipología escritural que estaba describiendo el entrevistado.

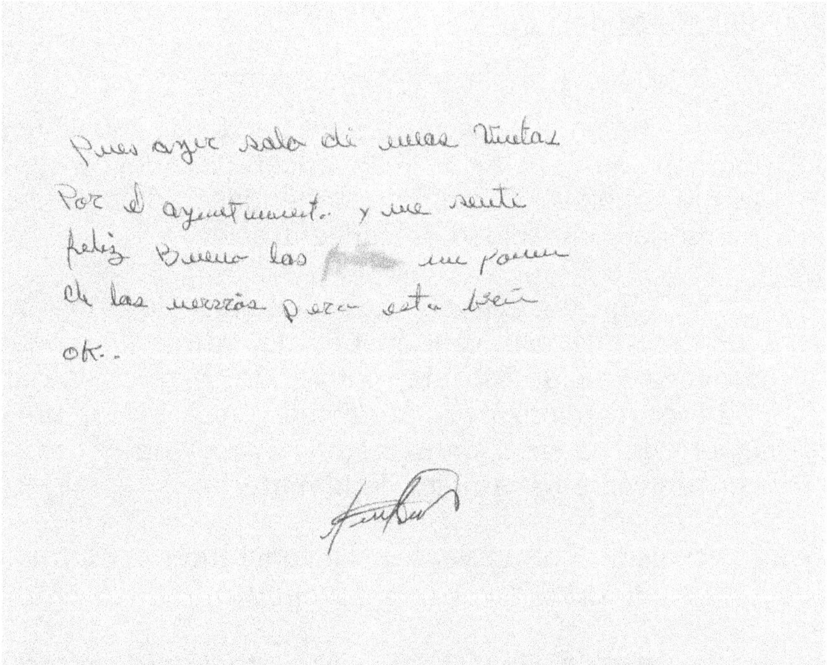
Pues ayer salo di unas vueltas
Por el ayuntamiento y me senti
feliz Bueno las [illegible] me ponen
de los nervios pero esta bien
ok..

Personalidad del Caso 2

Presenta capacidades intelectuales muy buenas. Es capaz de asimilar los conceptos nuevos de una forma rápida y fiable, sirviéndose de su buena memoria y capacidad de concentración.

Aún poseyendo esa inteligencia no puede sustraerse a ese sentimiento de inferioridad, que le provoca apatía, falta de motivación, falta de iniciativa, falta de confianza en él mismo y por tanto, un bajo nivel de aspiraciones. Las pocas que tiene se concentran en el ámbito de lo material.

De naturaleza inconstante, inmaduro, desorganizado, irreflexivo y empático.

Intenta llevar un comportamiento controlado cosa que no siempre consigue, al disparársele la emotividad frecuentemente. De esa forma se ve vulnerable y se defiende con explosiones de mal genio, siguiendo la máxima de *"ataca antes de ser atacado"*, por eso, cuando se sabe dueño de la situación, puede llegar a ser violento.

Fuera de esos episodios es una persona de naturaleza servil, carente de opinión propia y bastante sugestionable. Presenta temores y dudas respecto al futuro.

Siente la necesidad de refrenar tendencias o necesidades inconscientes mediante mecanismos conscientes. Ello, unido a que percibe que se desenvuelve en un ambiente social desagradable, le provoca desequilibrio nervioso.

Se comporta con discreción, es práctico, sencillo, natural, modesto y se preocupa por mantener la compostura así como una estética adecuada, no siéndole difícil ya que posee gusto por la distinción y la elegancia.

Tiene espíritu de sacrificio, y lo aprovecha para intentar conseguir cambios positivos en su personalidad.

En el cuestionario es significativo que se percate de la variación de caligrafía en dependencia de su estado de ánimo.

También manifiesta que no sabe el motivo, pero le gusta más, o prefiere escribir en guirnalda que en arco.

Sexualmente hablando es una persona activa, si bien, esta actividad no es todo lo placentera que debiera, al presentar bloqueos en la libido. Pudieran ser debidos a frustraciones afectivas.

Juega con su sensualidad buscando aventuras amorosas y eróticas.

En cuanto a su familia, es reservado con su condición sexual y tiende a justificar sus instintos con planteamientos idealistas.

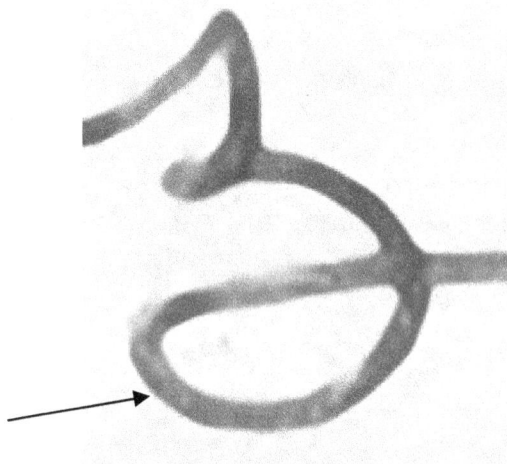

"z" con Pie. Búsqueda de aventuras en el terreno sensual-sexual.

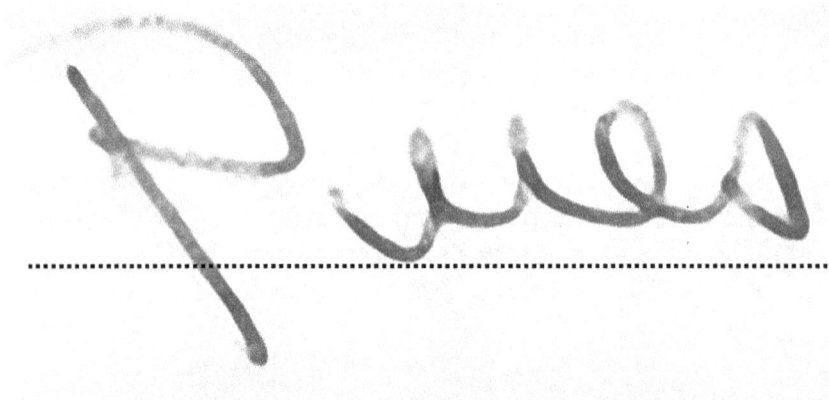

Trazo inicial de "P" mayúscula por debajo de la línea de escritura. Materialismo. Sensualidad. Falta de imaginación.

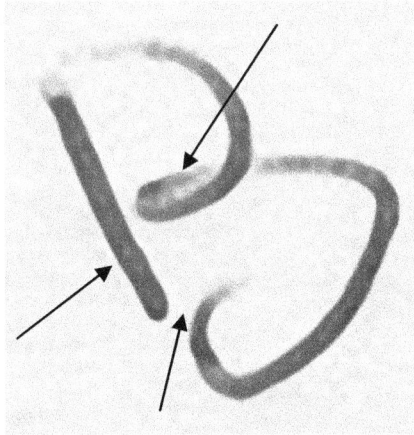

"B". Destaca curva inferior. Barra corta y abierta por zona inferior izquierda. Bucle intermedio. Materialismo. Realismo. Control sobre los afectos. Predominio de la parte femenina. Sencillez. Naturalidad. Servilismo.

Aumentos bruscos de tamaño, en este caso de "p" minúscula. Pérdidas de control. Explosiones de genio.

◻   ◻   ◻

CASO 3

Se trata de un transexual. Edad aproximada 30 años. Nacionalidad Española. Se desconocen más datos.

Por manifiesta desconfianza, no desea contestar a ningún tipo de pregunta. Finalmente se le logra convencer y presta su colaboración para escribir un escueto texto, firmando seguidamente al final del mismo.

Hoy esta lloviendo y ayer
quemaron las [...] 2008

Raquel

Personalidad del Caso 3

Tiene con buenas dotes intelectuales, procesos mentales rápidos y lógicos no exentos de cierta intuición. Buena memoria, capacidad de concentración y claridad de pensamiento hacen que la persona se apoye casi siempre en los dictados de su inteligencia, máxime cuando se sabe que es observadora y bastante objetiva.

Como todo ser humano, y a sabiendas de que quizás no sea lo que más le conviene, hay ocasiones en las que aparca su lógica y se deja llevar por el corazón.

Mantiene una fuerte voluntad que se basa fundamentalmente en tres pilares básicos; buena energía y salud, resistencia física y mental así como la capacidad de la constancia.

Es optimista y posee un autocontrol adecuado.

No todo son claridades. Se aprecia la oscuridad en los sufrimientos que padece, seguramente de origen psicológico al no apreciarse síntomas de dolencias o enfermedades físicas.

Es habitualmente introvertida, aunque puede abrir su alma a depende quién sea y en qué momento.

Su máximo afán es conseguir el equilibrio que sabe que todavía no posee.

Su carácter es muy versátil y adaptable a las circunstancias. Ello le hace de moral y principios flexibles.

Puede ser diplomática, cordial, generosa, agradable y comunicativa, no exenta de asertividad. Si se encuentra a gusto con su interlocutor es bastante espontánea.

Existen minusvaloraciones en su ego, proyectando una imagen de seguridad de la que realmente carece. En realidad busca la aprobación del prójimo, lo que le genera miedos y temores a ser rechazada y a lo que el futuro le pueda deparar.

Quizás por lo anterior, muestre esa falta de iniciativa y el temor a comenzar nuevas relaciones sociales y sentimentales.

Pretende no perder las vinculaciones con su pasado y su familia, aunque ante todo, vive el presente de una forma práctica y materialista.

Se manifiesta con sensualidad y coquetería, si bien, vive su sexualidad más desde un terreno imaginativo y de fantasía que desde la carnalidad y el mundo físico.

En este aspecto de la sexualidad existen bloqueos o disfunciones sexuales que muy posiblemente le impidan vivenciar un orgasmo pleno.

En las ilustraciones siguientes se pueden observar los rasgos gráficos que aseveran lo descrito hasta ahora con relación a la sexualidad que es el tema principal que nos ocupa.

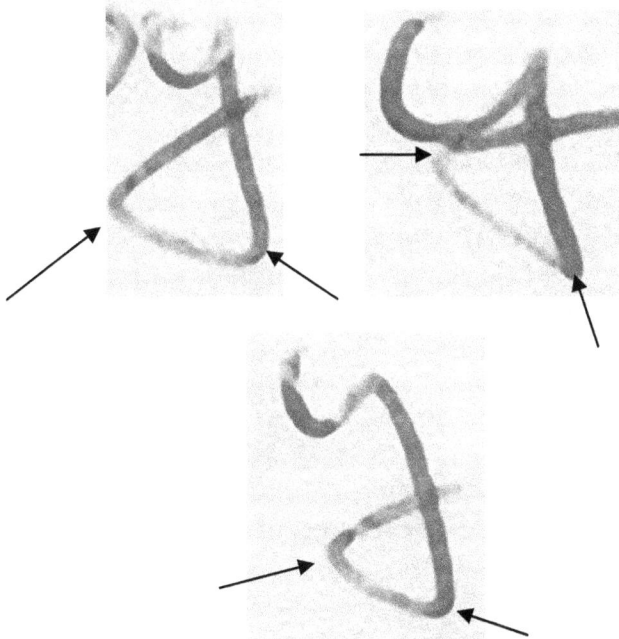

Pies angulosos

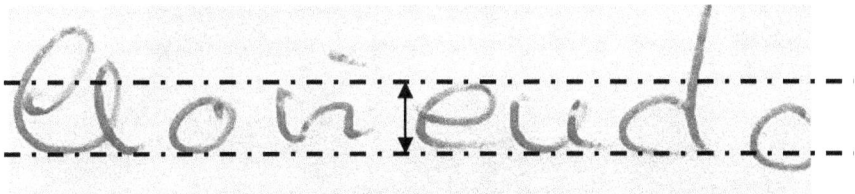

Predominio del Cuerpo Central

57

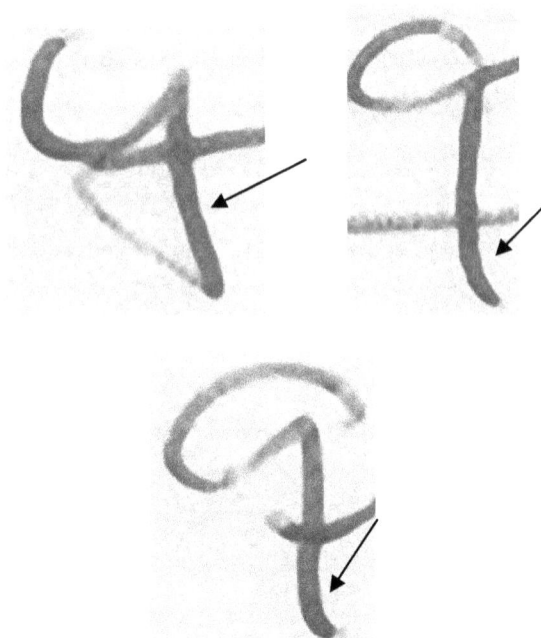

Torsiones en Pies

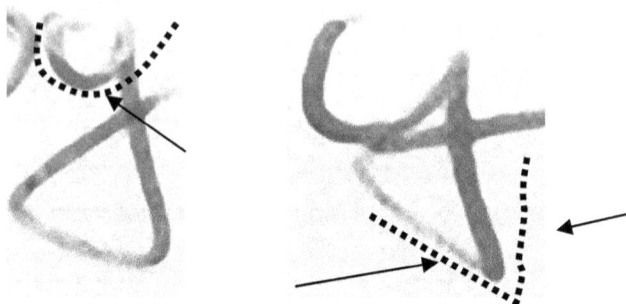

Base del Óvalo en curva con base del Pie en ángulo

Debido a la brevedad de la muestra de escritura y a falta de más elementos comparativos, sobre todo en lo que a "g" minúscula se refiere, no se puede tener la certeza sobre lo que sigue, pero es posible que esta persona presente cierto grado de exhibicionismo, ya que es llamativo el **ascenso brusco del óvalo de la "q" minúscula con relación al Cuerpo Central**.

Es voluble y por ello parece que tenga ciertas dificultades en exteriorizar su deseo sexual en vista de la **variable altura a la que sitúa el punto de cruce en el Pie de la "y" minúscula**.

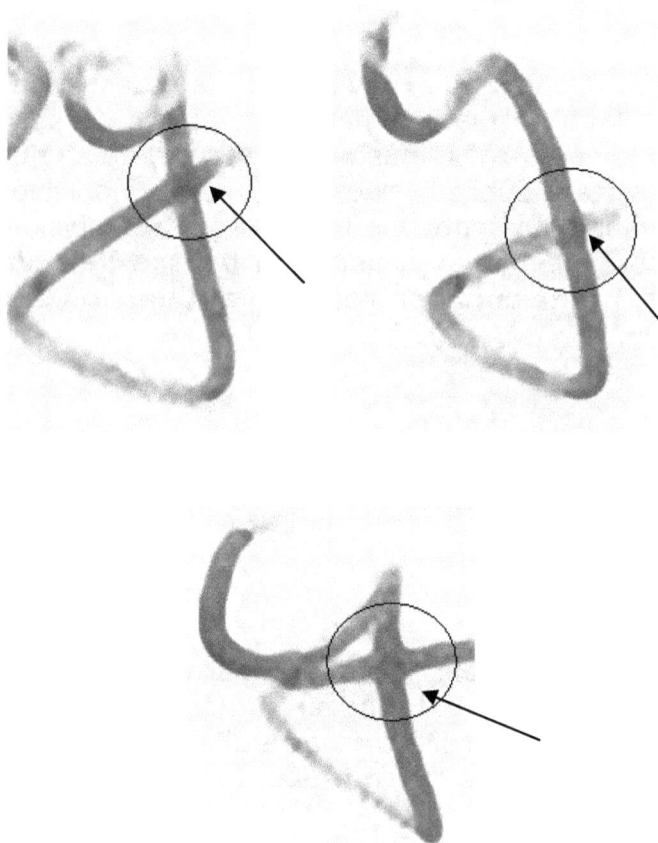

Por otra parte, **la regresión del Pie** nos puede indicar una vida sexual activa, así como tendencia a la promiscuidad y actitud egocéntrica respecto al sexo.

Por su firma y rúbrica separados y la forma en como tacha el torsionado Pie de la "q" minúscula se puede concluir que existe insatisfacción sexual, en este caso, debido a los bloqueos de la libido anteriormente citados, lo que le hace desear un cambio en su vida sexual que le proporcione plena satisfacción.

□   □   □

CASO 4

CUESTIONARIO

Fecha 23 - Marzo - 2008

Edad 26 años (*7 años ejerciendo la prostitución*)
Nacionalidad Brasileño
Nivel Académico 2º grado
Sexo ♂ (*Falta cambio de sexo genital y legal*)

01.- ¿Cuándo te diste cuenta que te sentías mujer? A los trece o catorce años me di cuenta de que me gustaban los hombres, de hecho nunca me he acostado con una mujer. A los dieciocho años comencé mi transformación a mujer.

02.- ¿Lo asumiste o intentaste luchar contra ello? Lo asumí plenamente, pero en la clandestinidad, no me atreví a decirlo.

03.- ¿Te hormonas? Si.

04.- ¿Desde cuando? Desde los diecisiete años.

05.- ¿Cómo te sientes con tu personalidad femenina? Totalmente realizada y tengo claro que prefiero la transexualidad a operarme el sexo. Antes de eso hay que estar muy preparada psicológicamente y asumir plenamente la condición sexual. Sobre todo las trabas que te pone la sociedad.

06.- Si tuvieras que explicarle a un desconocido cómo eres, ¿Qué le dirías? Me gusta liderar y tengo un carácter muy fuerte. También soy celosa en extremo. Considero que estoy muy bien, por tanto mi pareja debe de tener suficiente conmigo y no mirar a otra.

07.- ¿Qué es lo que más te gusta de ti? FISICO: Los ojos y los pechos. **PERSONALIDAD:** Soy auténtica 100%.

08.- ¿Y lo que menos? FISICO: Los pies, me gustaría tenerlos más pequeños y ser algo más bajita. Solo puedo calzar zapatos planos para no elevar demasiado mi estatura *(180cm)*. **PERSONALIDAD:** Los celos compulsivos.

09.- ¿Te gusta escribir? No mucho.

10.- ¿Escribes a menudo? Hace mucho que no escribo.

11.- ¿Crees que escribes bien? Si. Mi letra es muy legible. Me enseñaron a escribir muy bien en el colegio.

12.- ¿Hay algo en tu escritura que te llame la atención? La forma en como pongo el papel *(lo posiciona en horizontal respecto a su cuerpo)*

13.- ¿Hay algo en tu escritura que te gustaría cambiar, o hacerlo de otra forma? Nada.

Hola me llamo Viviane Cucarelli tengo
27 años y vivo ahora en la ciudade
de _____ capital.
Me has encantado conocer a estes
dos _____ e ter participado desta
encuesta de la ciudade que vivo
ahora mismo. Espero que em buenos
momentos pueda volver a encontralos
e me enterar deste resultado.
Bueno por aquí termino e agrade-
ço la comodidate recebida por vosotros
dois. Feliz Pascoa !!!

Agradecidamente

Viviane

em 23/05/2008

Obs: Bujos

Personalidad del Caso 4

Su cerebro funciona con rapidez y con buena retentiva, si bien, como consecuencia de una imaginación desarreglada presenta cierta confusión mental. Irreflexión.

Habitualmente es persona que sabe controlar sus impulsos, aunque en ocasiones su emotividad se exalte en demasía. Ese autocontrol le hace ver el futuro con prudencia aunque en realidad, a la hora de la verdad, se deja llevar por su optimismo, el cual, intenta reprimir de forma consciente.

Presenta un sentimiento de inferioridad no superado hasta el momento, pero se encuentra en camino de conseguirlo, ya que tiene grandes deseos de superación personal.

Tiene un temperamento activo y constante, tanto que es casi monótono.

En el trato con el prójimo es abierta, sensible, espontánea, diplomática, cordial, amable, altruista, práctica, humana y adaptable a las circunstancias.

Es posible que algunas veces se deje llevar por la vanidad. Puede tener comportamientos o actitudes en ocasiones exageradas.

Algo no la ha dejado evolucionar lo suficiente. Las ligaduras al pasado le evocan a su familia, y sobre todo a su madre.

Tiene buen gusto, sentido de la estética y la belleza. Es sensual.

Presenta su escritura un predominio de pies, aunque éstos son muy pequeños en relación al Cuerpo Central, por lo que podemos pensar que no vive la sexualidad de una forma plena. Además figuran **torsiones en los pies de la "g" minúscula**.

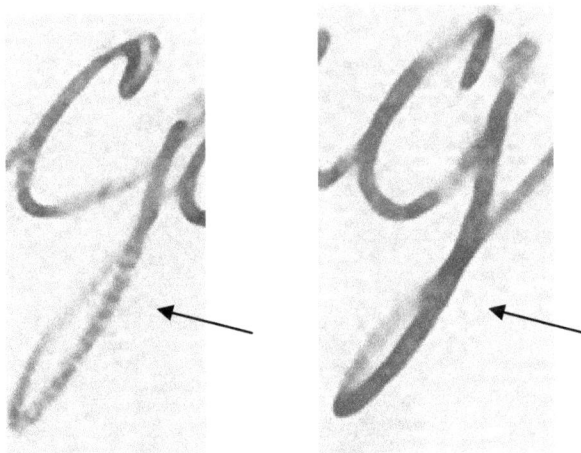

Pies torsionados

Existe un disfrute basado en el erotismo, la sensualidad y los juegos de seducción. Los **pies de "g" minúscula son más grandes que los pies del resto de letras, sin contar que también la "z"**

minúscula presenta pie, rasgo inequívoco de búsqueda de aventuras amorosas y sexuales.

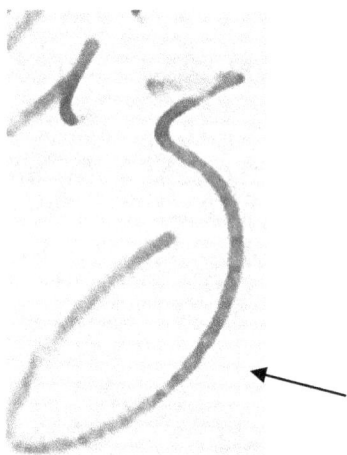

"z" con pie

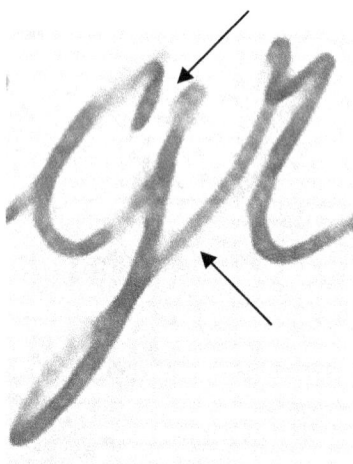

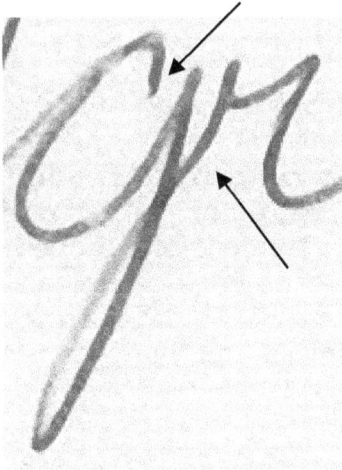

La comunicaron sexual con su pareja es fluida, entregada y comunicativa. Así nos lo indican la **cohesión con la letra siguiente y la apertura superior derecha del óvalo de la letra "g" minúscula**.

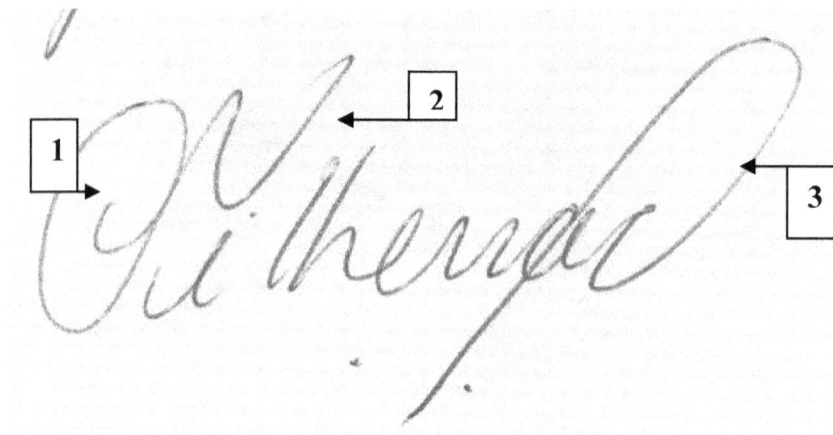

De la firma se podrían decir muchas cosas, pero lo más destacable a mi juicio es la **forma que adquieren las iniciales de nombre y apellido y la disposición espacial** de dichas letras. La gracia y donaire de su ejecución denota un claro sentido artístico, gusto estético, imaginación, capacidad lógica y rapidez mental. En la ilustración con el nº 1 se señaliza la inicial del nombre y con el nº 2 la del apellido.

El parapeto de la parte derecha nos está informando sobre las dudas sobre el futuro, del cual se protege. En la ilustración con el nº 3.

Sintomatología positiva es la **brevedad de la rúbrica y el que esté unida al texto de la firma** lo que indica que vive la sexualidad de la forma más realista que puede, utilizando la fantasía con

70

naturalidad. Buena integración de los aspectos individuales y sexuales.

En la imagen superior vemos la **"A" mayúscula con el interior curvo. Rasgo inicial por debajo de la línea de escritura.** Propio de personas con educación dentro del ámbito religioso. También es amabilidad, disciplina e incluso intenciones ocultas. Sensualidad. Materialismo.

Tanto en la firma como en el texto se aprecia la **"C" mayúscula con la curva superior ampulosa y cerrada.** Vanidad, dulzura y coquetería femenina con reticencias a una entrega total a la pareja. Control sobre los afectos para que no le hagan daño. Autodefensa emocional.

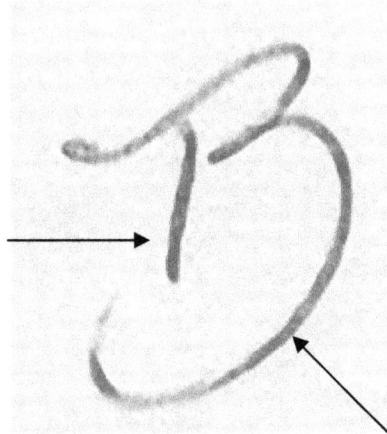

"B" mayúscula con predominio de curvatura inferior y barra corta. Entre otras cosas, nos habla de la dominancia de la feminidad sobre lo andrógeno.

En otro terreno de cosas, también se ha detectado la presencia de cierta afección pulmonar, a tenor de la **debilitación de los trazos ascendentes, mayoritariamente en la parte derecha de las crestas, así como la débil puntuación predominante.** En las imágenes siguientes se pueden apreciar estas anomalías.

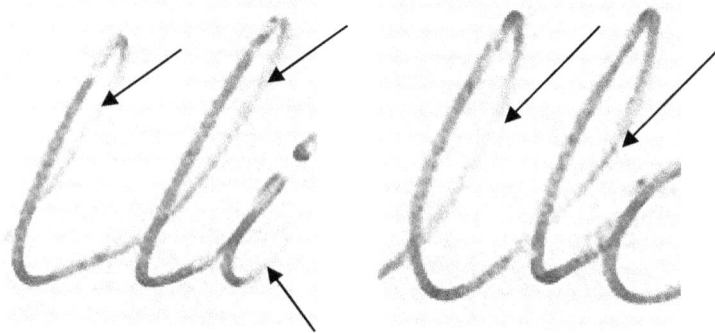

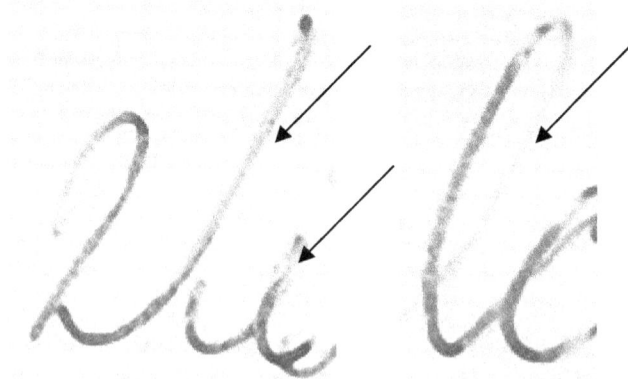

Debilitación de los trazos ascendentes, mayoritariamente en la parte derecha de las crestas.

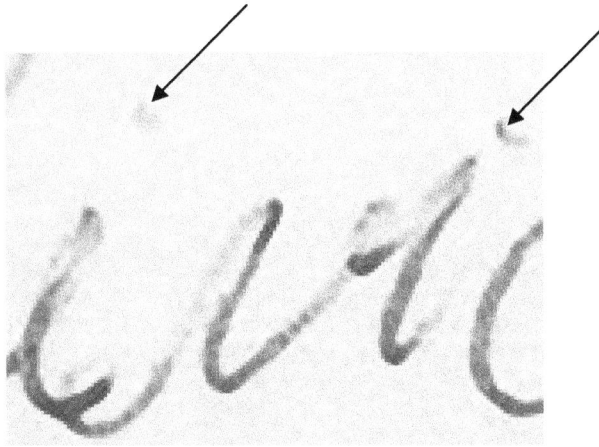

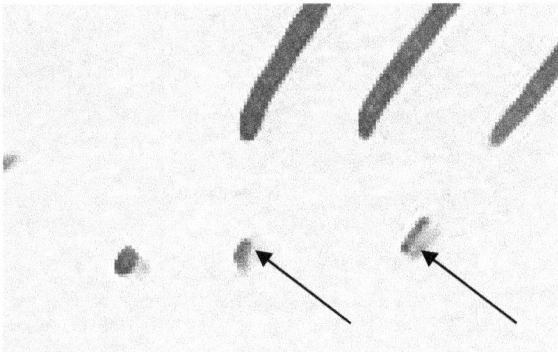

Debilitamientos de puntuación.

CASO 5

CUESTIONARIO

Fecha 24 - Marzo - 2008

Edad 29 años (8 años ejerciendo la prostitución)
Nacionalidad Brasileño
Nivel Académico 2º grado
Sexo ♂ (*Falta cambio de sexo genital y legal*)

01.- ¿Cuándo te diste cuenta que te sentías mujer?
Sobre los trece años.

02.- ¿Lo asumiste o intentaste luchar contra ello? Lo asumí muy bien. De hecho proclamé mi condición sexual públicamente. Aproveche unas fiestas de mi pueblo para subirme al escenario que había instalado en la plaza pública y anunciarlo por megafonía. ¿Cómo reaccionó la gente? *(se ríe mucho antes de contestar)* No lo sé, me bajé del escenario y me marché del pueblo a la gran ciudad. No he vuelto a ir por allí.

03.- ¿Te hormonas? Antes si. Hace cinco años que no. Lo tuve que dejar por prescripción médica. Me estaba empezando a afectar maliciosamente a algunos órganos.

04.- ¿Desde cuando? Desde los quince años.

05.- ¿Cómo te sientes con tu personalidad femenina? Muy bien.

06.- Si tuvieras que explicarle a un desconocido cómo eres, ¿Qué le dirías? Soy muy sincera, en ocasiones demasiado. Muy luchadora y con un carácter muy fuerte.

07.- ¿Qué es lo que más te gusta de ti? FISICO: El pelo. **PERSONALIDAD:** Mi sinceridad.

08.- ¿Y lo que menos? FISICO: Los pies, creo que los tengo demasiado grandes. Uso una talla 41 y no hay muchos zapatos donde escoger. **PERSONALIDAD:** *(tras mucho pensar no se le ocurre nada).*

09.- ¿Te gusta escribir? Si, mucho. Trabajé como profesora en mi país. Ayudaba en colegios para gente sin recursos.

10.- ¿Escribes a menudo? Si. Escribo cualquier cosa, tomo muchas anotaciones, transcribo artículos de Internet, etc. Pero sobre todo me agrada escribir poesía.

11.- ¿Crees que escribes bien? Si. Tengo muy buena caligrafía, con letra legible*.

12.- ¿Hay algo en tu escritura que te llame la atención? La "E" me gusta mucho. Al ser la inicial de mi nombre, cuando aprendí a escribir me esmeraba más cuando la hacía.

13.- ¿Hay algo en tu escritura que te gustaría cambiar, o hacerlo de otra forma? Si. La "m" y "n" me salen más pequeñas que el resto, y me gustaría escribirlas del mismo tamaño.

* *La muestra de escritura la realiza en portugués ya que presenta dificultades para expresarse y escribir en castellano.*

Erasmo [illegible]

Eu vim para espanha em busca de algo
melhor para mim mas fico trist por-
ter tantas barreiras. Eu acho que não
tinha que ter barreiras para o sentimento.
nos tinhamos que ser livres para fazer.
o que nos queremos. Por que? eu acho
que o mundo e para todos.

Um beijo.

Erasmo [illegible]

São Paulo

Personalidad del Caso 5

Es poseedora de una inteligencia y capacidad lógica capaz de sacarla de cualquier apuro sino fuese por su imaginación desarreglada y poco realista. Esto le provoca confusión hasta el punto de no poder concentrarse lo suficiente cuando se le presenta un problema, perdiéndose en disquisiciones inútiles. Dotes artísticas.

Sus capacidades volitivas se encuentran presididas por un gran sentimiento de inferioridad supercompensado, haciéndole caer en una autovaloración desproporcionada, llegando a rozar incluso la megalomanía. Sólo hay que recordar que en su juventud - *tal como ella misma relata* - proclamó su condición sexual subida al escenario de una plaza pública. La realidad es que no se encuentra nada a gusto con ella misma, a pesar de la imagen que puedan percibir los que le rodean.

Tiene un gran espíritu de sufrimiento lo que le da fuerzas para enfrentarse a la adversidad con energía suficiente. Capacidad para racionalizar el esfuerzo, cualidad que aún así, no la hace competente en el trabajo, siendo éste de una eficacia mínima. Quizás sea debido a su escasa iniciativa y ambición.

Necesita controlar la emotividad y las explosiones de mal genio.

En realidad vive en un mundo hecho a su imagen y semejanza, dentro de una burbuja, protegida del medio ambiente. Piensa que es la única forma en como la gente no aprovechará su vulnerabilidad e inseguridad para hacerle daño.

A pesar de que era una joven que luchaba contra el sistema establecido, tiene cierto apego al pasado y a la figura materna.

Debido a su vulnerabilidad y siempre buscando un beneficio en algo, se comporta de forma extravertida, discreta, asertiva, cordial, afectiva y generosa. En caso contrario, se manifiesta como un ser materialista, egoísta, artificiosa, desconfiada, vanidosa, exagerada, irritable, intrigante e intransigente.

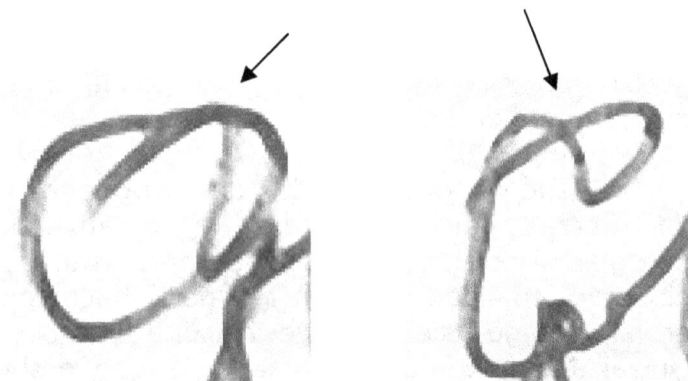

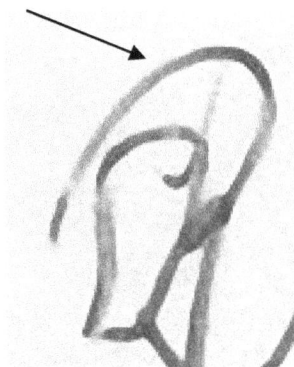

Se observa como **el óvalo de la "q" minúscula se encuentra cubierto por un doble trazo en su parte superior.** Parece que la autora se quiere desvincular o protegerse del mundo imaginativo, de lo místico-espiritual, lo subliminal o el idealismo, puede que de ideas religiosas, intentando aferrarse por tanto a la realidad. Además, éste doble rasgo se produce sistemáticamente en la misma letra y zona de ésta, por lo que podemos deducir que existe una tendencia obsesiva.

Esta tendencia viene corroborada por la **agrupación de puntos** innecesarios desde un punto de vista ortográfico y gramatical, que se localizan en el lugar donde debe de haber un punto y aparte. Un rasgo idéntico al que se denomina *"cajero infiel"*. Esto también nos lleva a pensar que esta persona presenta predisposición al robo o al hurto. También puede tratarse de una apropiación indebida en el ámbito intelectual, por ejemplo, apropiarse de ideas ajenas y hacerlas pasar como propias.

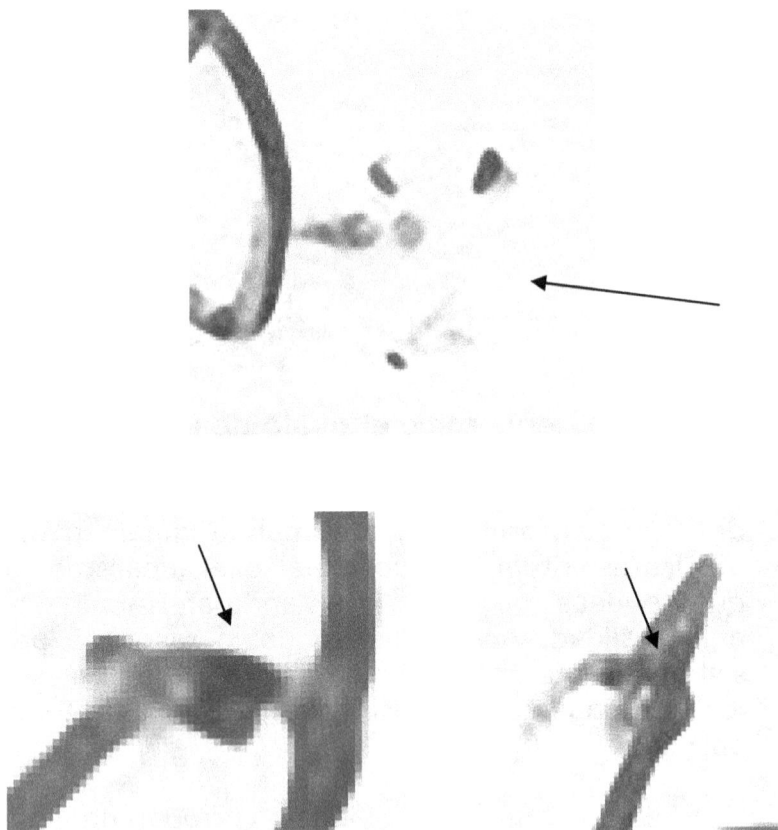

En las dos ilustraciones superiores y señalizadas por las flechas, se observan **evoluciones circulares del útil antes de iniciar el trazado de la letra**. Representan dudas, falta de planificación, imaginación desarreglada e incapacidad de abstracción.

Precisamente la capacidad de abstracción es el mecanismo principal, a través del cual, se inicia todo el proceso escritural.

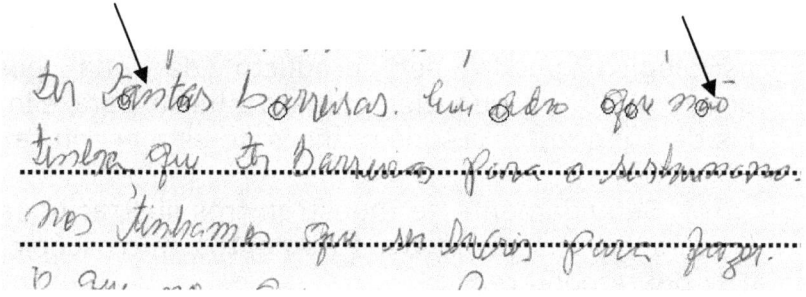

Base angulosa en el óvalo. Líneas descendentes

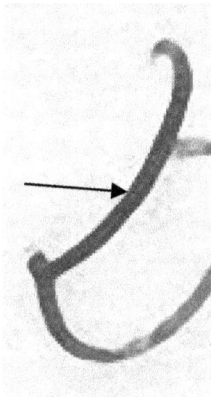

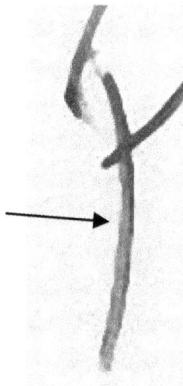

Torsiones

Bases de óvalos angulosas, líneas descendentes y torsiones. Conjunto de nos ofrece la visión de una personalidad sin alegría, decaída, que sufre, con episodios de angustia, de ansiedad y grave tendencia a la depresión.

También podemos pensar que este estado psicológico pueda ser producto de una posible enfermedad, ya que elementos de juicio para ello nos los dan diferentes rasgos gráficos de esta escritura.

Seguidamente se muestran tres ilustraciones y a la derecha sus respectivos aumentos microscópicos a 15x del tamaño real.

En la imagen de la izquierda se señaliza con una flecha la zona aumentada, para su correcta localización visual. Se aprecia claramente lo que se denomina **presión pastosa**.

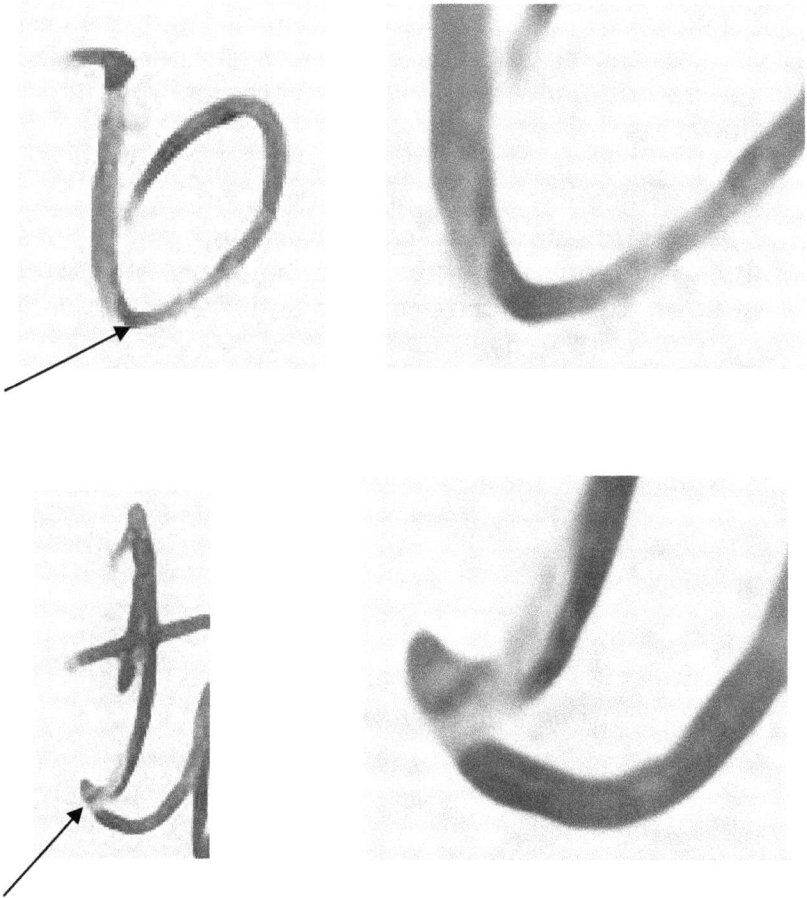

Estas **anomalías de presión** se producen por inclinaciones anormales del útil de escritura, en este caso un bolígrafo. Denotan latencias de tipo histeroide.

También estas anomalías de presión son propias de personas enfermas del aparato circulatorio. Existe la posibilidad que nuestra escritora padezca alguna cardiopatía, si tenemos en cuenta el tipo de presión y los puntos innecesarios que veremos en el párrafo siguiente.

A continuación otras tres imágenes. En esta ocasión observemos como la autora del escrito **descansa entre palabras, apoyando el útil sobre el soporte de escritura** y dejando la correspondiente marca de tinta en el papel.

Algunas de estas marcas son muy débiles. Es importante indicar que en ningún caso se trata de puntuación ortográfica.

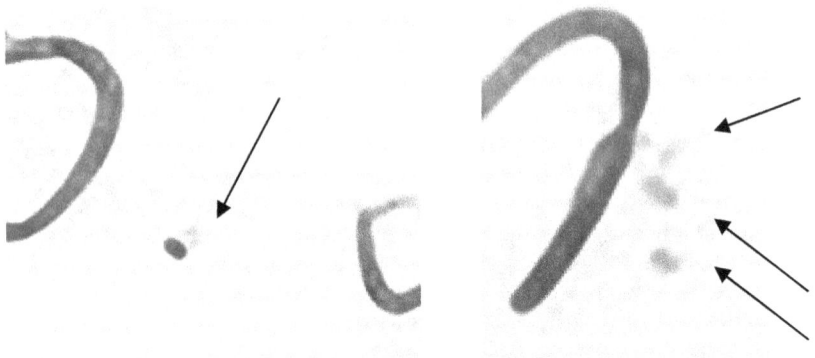

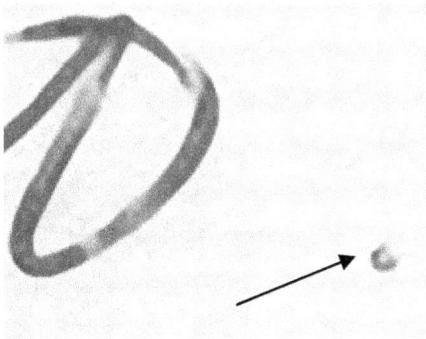

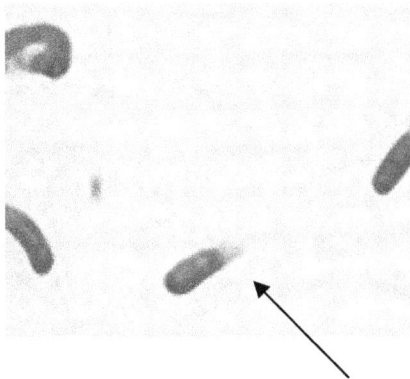

Con las ilustraciones siguientes se intentará dar una amplia visión de su vida en lo concerniente al aspecto sexual. De sus comportamientos eróticos. De cómo puede llegar a relacionarse con una hipotética pareja sentimental.

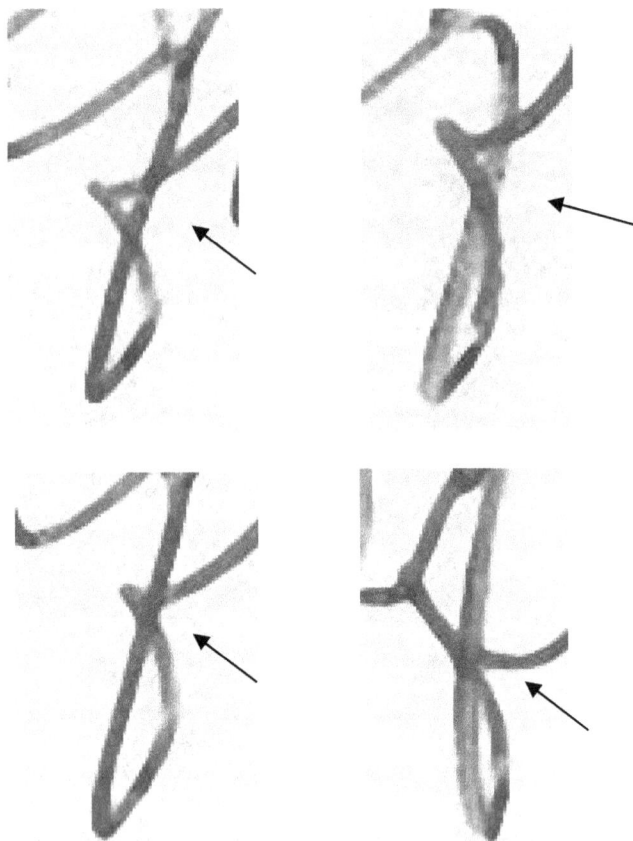

Pies enrocados sobre su eje. Es sinónimo de mentira. Manipulación de las personas mediante el chantaje sentimental y la tendencia a hacerse la víctima.

Este rasgo también suele ser interpretado como típico de la homosexualidad masculina. En la femenina son otros los que predominan. En todos los manuales se suele advertir, que si bien, el rasgo se asocia a la homosexualidad, esto es algo que por su delicadeza, no se ha podido comprobar a ciencia cierta. En el caso de la presente muestra de escritura si que lo podemos asociar a esta preferencia sexual, sin temor al equívoco, ya que así nos fue confirmado por la persona autora del escrito.

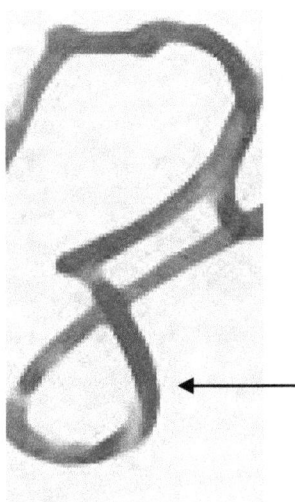

"z" minúscula con pie. Como estamos viendo a lo largo de este trabajo, no es difícil encontrarnos este tipo de grafía en personas interesadas en la búsqueda de aventuras amorosas o sexuales. Según la mayoría de autores, esta generalmente aceptado que se trata de un rasgo de infidelidad conyugal.

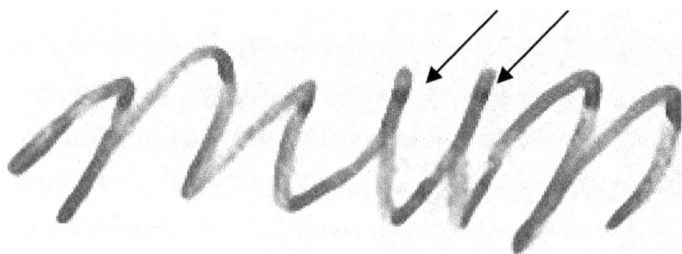

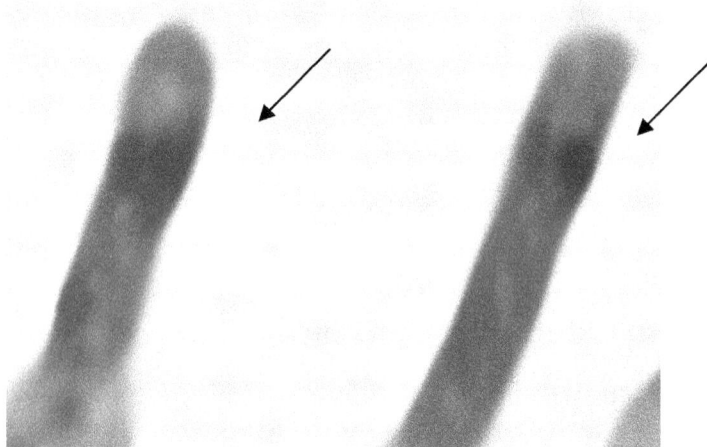

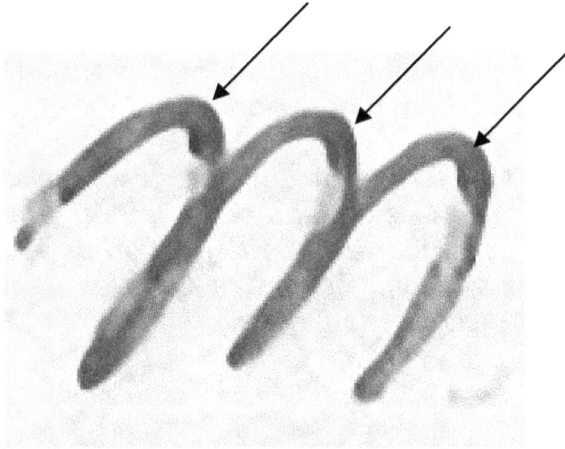

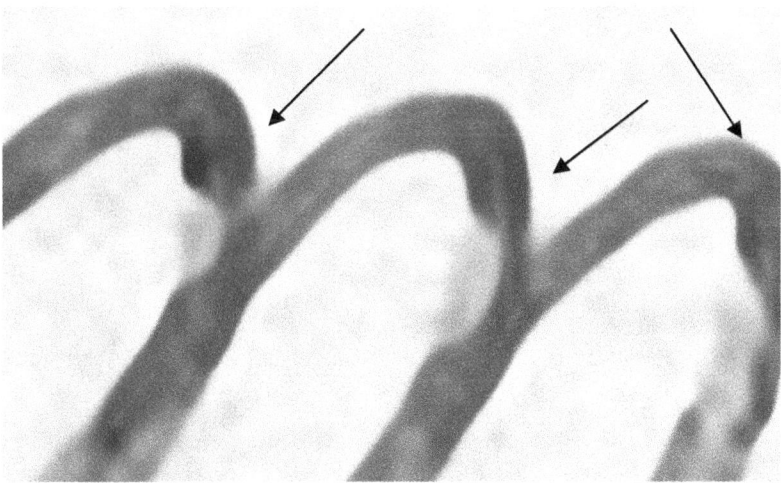

En las dos imágenes superiores y sus correspondientes aumentos, se aprecian **pequeñas paradas o interrupciones del trazo, siempre situadas en la zona superior del Cuerpo Central**. Se puede interpretar como problemas de origen psíquico, probablemente debido a antiguas represiones morales, fobias u obsesiones.

Ello le hará bloquearse en los niveles afectivo y sexual. (*En la parte inferior aumentos microscópicos a 25x del tamaño real. En la imagen de la parte superior se señaliza con flechas la zona aumentada, para su correcta localización visual*)

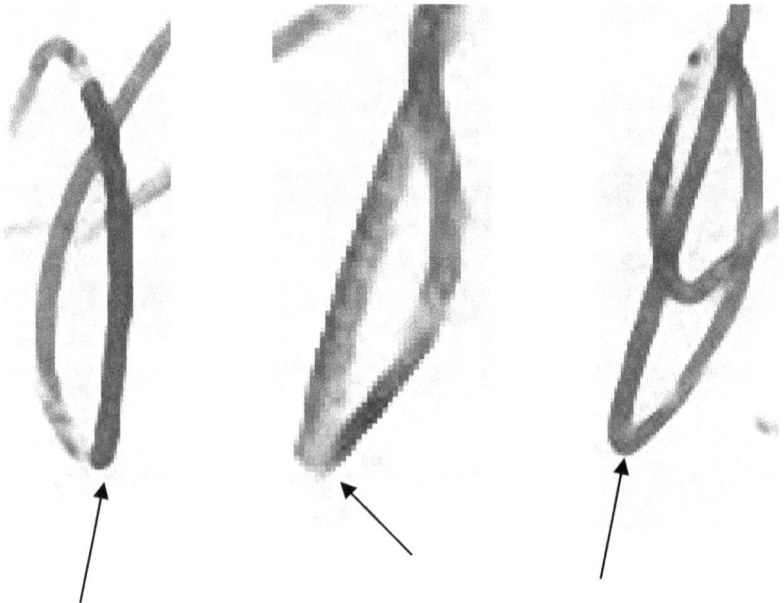

Los **pies angulosos** nos hablan de bloqueos de la libido y la sexualidad. De incapacidad para abandonarse sin condiciones en los momentos sublimes de la relación sexual. No se vivencia el orgasmo adecuadamente.

Curiosamente la única "g" minúscula que existe a lo largo de todo el escrito, presenta la **base del óvalo anguloso y la base del pie curvo.**

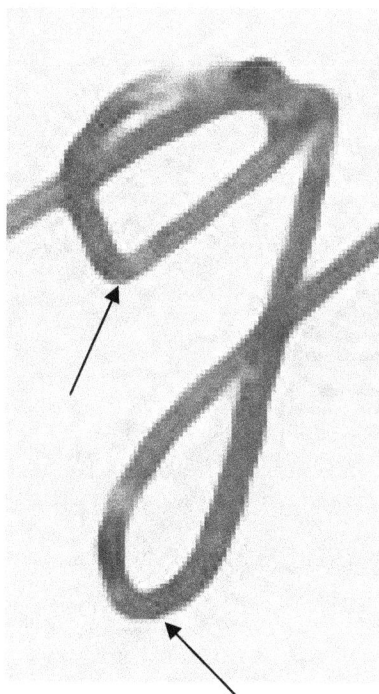

El significado de esta alteración según las palabras de Carlos Ramos es el de una *"...negación y represión más o menos conscientes..., de los sentimientos positivos relacionados con la sexualidad..., teme abandonarse a las sensaciones placenteras, abrirse a los impulsos y sentimientos tiernos".*

CASO 6

CUESTIONARIO

Fecha 24 - Marzo - 2008

Edad 26 años (*5 años ejerciendo la prostitución*)
Nacionalidad República Dominicana
Nivel Académico 3º de bachiller
Sexo ♂ (*Falta cambio de sexo genital y legal*)

01.- ¿Cuándo te diste cuenta que te sentías mujer? A los siete años mi mamá ya me lo notaba. Yo misma también me lo notaba.

02.- ¿Lo asumiste o intentaste luchar contra ello? Lo asumí y de hecho, me gustó.

03.- ¿Te hormonas? Si. Un montón.

04.- ¿Desde cuando? Desde los veinte años.

05.- ¿Cómo te sientes con tu personalidad femenina? Muy bien, de maravilla, aunque cuando comenzaba me sentía mal, pero toda mi familia lo sabe y es genial.

06.- Si tuvieras que explicarle a un desconocido cómo eres, ¿Qué le dirías? Soy simpática. Me gusta divertirme con la gente. Tengo carácter, a veces me enfado, pero enseguida me arrepiento.

07.- ¿Qué es lo que más te gusta de ti? FISICO: Los ojos, la boca y el culo, que es totalmente natural. Mis

piernas también me gustan mucho. Son de chica.
PERSONALIDAD: Soy buena persona y me siento muy querida por la gente.

08.- ¿Y lo que menos? FISICO: El pecho. Me lo voy a operar ahora. Tampoco me gustan mi frente y mi pelo.
PERSONALIDAD: Muchas veces soy borde, llegando a pelearme físicamente. Soy muy celosa y también muy comedora.

09.- ¿Te gusta escribir? Me encanta.

10.- ¿Escribes a menudo? No. Solo escribo para hacer pequeñas anotaciones, como la lista de la compra.

11.- ¿Crees que escribes bien? No muy bien.

12.- ¿Hay algo en tu escritura que te llame la atención?
No.

13.- ¿Hay algo en tu escritura que te gustaría cambiar, o hacerlo de otra forma? Me gustaría escribir mejor. También escribir los renglones más horizontales.

Personalidad del Caso 6

Se aprecia capacidad de síntesis y concreción en sus planteamientos intelectuales, si bien, esta cualidad no es aprovechada en su justa medida al existir una imaginación desarreglada que provoca gran confusión de pensamiento y dispersión de ideas. Predominio del sentimiento sobre la lógica.

Desde la primera letra de la muestra de escritura se puede comprobar que hay una importante disgrafía motriz.

Esta anomalía se concreta en la disociación entre la idea abstracta del pensamiento a escribir (*el mecanismo de cómo se forma la escritura mediante seis fases neurofisiológicas, fue magistralmente expuesto por el Dr. Don José María de Mena*) o el sonido fónico correctamente comprendido y pronunciado, y la dificultad en la representación escrita de estos pensamientos o ideas. Ello es consecuencia de una psicomotricidad deficiente.

En este caso concreto, la disgrafía se manifiesta por los repetidos movimientos gráficos disociados que realiza hasta conseguir la representación correcta.

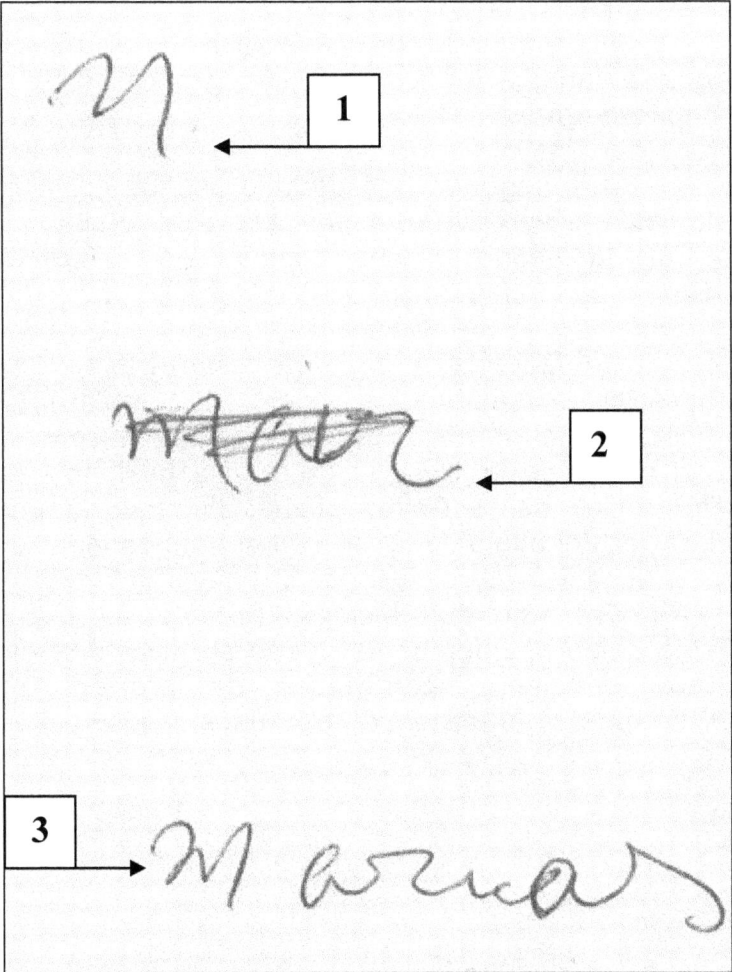

Al comienzo del texto se pretende escribir la palabra *"maricas"*.

Al primer intento se escribe una "m" con solo dos arcadas. Por incorrección grafica lo invalida y repite de nuevo. **(1)**

A la segunda oportunidad escribe correctamente la *"m"*, si bien, sitúa incorrectamente la silaba *"ri"*. No lo da por válido y tacha la palabra a medio construir. **(2)**

En la tercera línea de escritura ya se puede apreciar la palabra *"maricas"* al completo **(3)**. No obstante se aprecian deficiencias, tales como la falta del punto de la "i", y la duda al cohesionar las letras "c" y "a" de la última sílaba, llegando a invadir el interior del óvalo de la "a" con el final de la letra "c".

Tres intentos hicieron falta para plasmar una sola palabra. Además se puede apreciar una ejecución muy deficiente, con fallos de presión, cohesión yuxtapuesta, ausencia de puntuación, etc.

Otra manifestación de disgrafía la podemos ver en su nombre propio cuando escribe "*Juan Carlos*". En "*Carlos*" vuelve a alterar el orden de las sílabas (*como en el ejemplo 2*), escribiendo "*Calros*" en vez de la forma correcta "*Carlos*".

En ocasiones anteriores se percata del error, tal como en la palabra "*maricas*". En esta ocasión le pasa desapercibido, no siendo corregida la equivocación.

Bajo mi punto de vista, este hecho tiene especial relevancia, al tratarse de su propio nombre de pila.

Además hay que tener presente que todo lo expuesto sucede en un breve texto que se compone solo de seis palabras distribuidas en dos líneas de escritura.

La disgrafía motriz está íntimamente ligada con el trastorno de la dislexia.

En relación a sus capacidades volitivas, éstas se ven mermadas por su deficiente autoconcepto. De forma inevitable esta imagen de si misma va asociada a un sentimiento de inferioridad desviado, que no sabe como superar.

Disminuciones bruscas de tamaño (Se aprecian en la "i" y la "c"). Minusvaloraciones y sentimiento de inferioridad. Posible estado depresivo. Tristeza. Miedo o huida de una situación.

Su voluntad también se ve mermada por la falta de libertad que le impone su apego al pasado. Intenta liberarse, desvincularse de él y evolucionar como persona. El no poder conseguirlo le provoca sufrimientos, pesimismo, tristeza y resignación ante la vida.

Todo este bagaje le hace ser introvertida y encerrarse en sí misma, a pesar de los deseos y la necesidad que tiene de comunicarse con la gente que le rodea. Busca siempre la aprobación del prójimo y su autoafirmación como persona.

Es vulnerable, débil, delicada, sensible, sensual, afectuosa, generosa, natural, modesta, sincera y adaptable.

Es muy emotiva. Se deja llevar por su corazón, pudiendo llegar a ser visceral y perder el control en determinadas ocasiones. Las pérdidas de control pueden ser violentas.

Se preocupa por guardar las apariencias.

Algo que limita mucho su comportamiento es la gran incertidumbre y tremendo miedo que le provoca el porvenir. El futuro es algo que le preocupa en demasía y la cohíbe.

Seguidamente se muestra en ilustraciones algunas facetas llamativas de su personalidad.

Escritura imbricada descendente. Pesimismo y tristeza que intentan ser superados y no caer en el abismo. Introversión. Pérdidas de control de los impulsos.

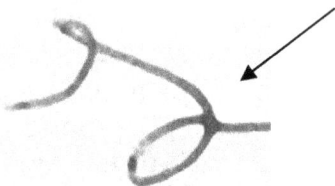

La escritura es inclinada vibrante a excepción las "s" minúsculas que son invertidas. Este cambio entre inclinación-inversión y siempre en la misma letra denota una clara tendencia obsesiva.

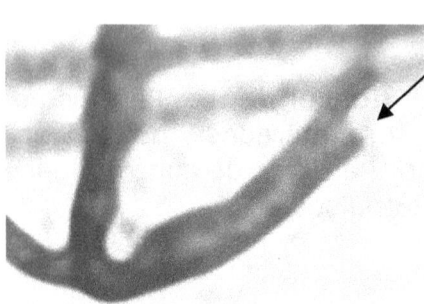

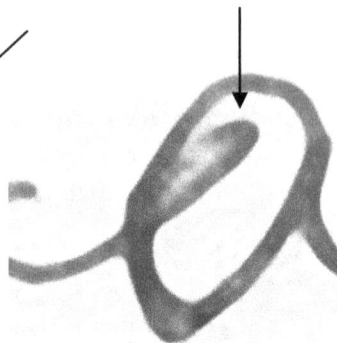

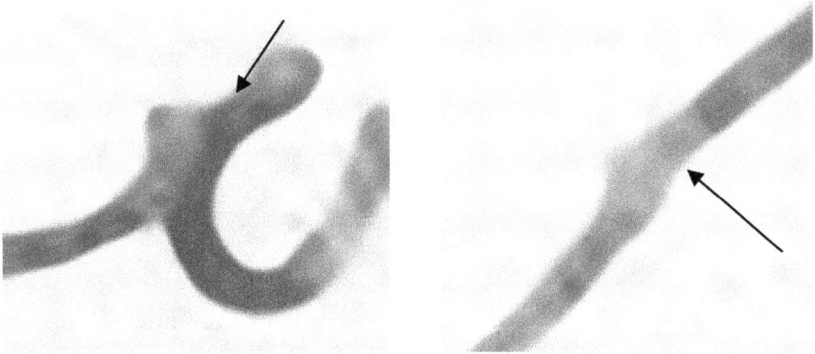

Cohesión yuxtapuesta. Se aprecian superposiciones más o menos precisas en los ligados de las letras de las cuatro ilustraciones anteriores. Se interpreta como síntomas de ansiedad, inseguridad y vacilación.

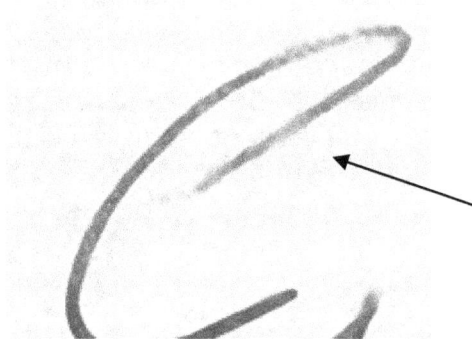

"C" mayúscula con curva superior adornada. Vanidad, coquetería femenina y dulzura. Reticente entrega afectiva y sentimental.

"A" mayúscula con avance inesperado y de tamaño grande con relación al resto del texto. Inhibiciones que terminan con decisiones compulsivas. Se suele dar este gesto grafico en personalidades agresivas y dubitativas. Orgullo.

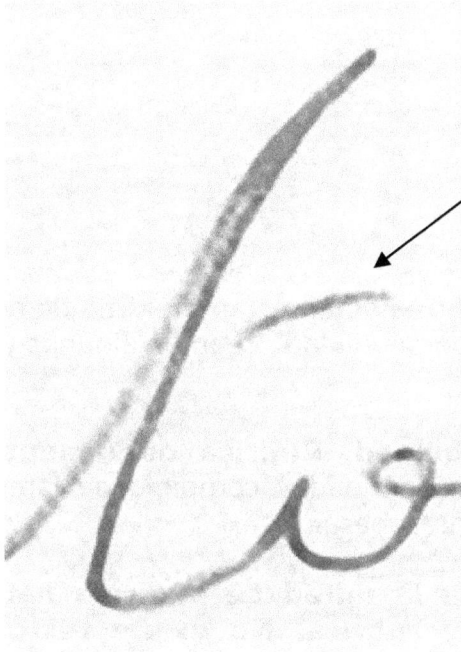

En la imagen superior se ve la **tilde o barra de la "t" minúscula que se encuentra muy avanzada del mástil de la letra**. Se interpreta como tendencias exhibicionistas en el terreno sexual y posible conducta desviada.

En la firma se aprecian multitud de aspectos de la personalidad. Veamos algunos de ellos.

▶ **Ilegibilidad. Rúbrica doblemente envolvente**. Crisis de identidad y complejo de inferioridad que no sabe como superar.

▶ **Desde la mitad de la firma hacia la derecha solo hay rúbrica. No existe texto**. Se interpreta como introversión y asocialidad. No se involucra en proyectos de futuro por miedos e incertidumbre. Prefiere quedarse en el pasado que es algo conocido y no presenta por lo tanto riesgos.

▶ **Rúbrica parapetada en el área derecha**. De nuevo se ven las defensas y escudos que pone para protegerse del futuro.

▶ **Angulosidad en la parte inferior de la "A" mayúscula trascendiendo la dimensión de la firma por su parte inferior**. Sexualidad vivida de forma tortuosa. Descarga de agresividad hacia el mundo de los instintos, de lo sensual, lo sexual y lo más mundano.

► **Rúbrica complicada y curva, que prevalece sobre sobre una firma angulosa.** La persona tiene una visión irreal del mundo. En su sexualidad prevalece la fantasía e imaginación sobre las relaciones que realmente puede llevar a efecto. Por algún motivo no puede concretar físicamente sus fantasías sexuales. Existe un claro conflicto entre imaginación y realidad.

◻ ◻ ◻

CASO 7

CUESTIONARIO

Fecha 26 - Marzo - 2008

Edad 29 años (*6 años ejerciendo la prostitución*)
Nacionalidad Español
Nivel Académico Graduado Escolar
Sexo ♂ (*Travestí*)

01.- ¿Cuándo te diste cuenta que te sentías mujer? No me siento mujer, pero soy un poco guarrilla (*risas*)

02.- ¿Lo asumiste o intentaste luchar contra ello? ------

03.- ¿Te hormonas? ----------------------------------

04.- ¿Desde cuando? ----------------------------------

05.- ¿Cómo te sientes con tu personalidad femenina? Estupendamente. Me hace divertirme y hacer cosas que no sería capaz de hacer de hombre. Soy en realidad una persona muy tímida.

06.- Si tuvieras que explicarle a un desconocido cómo eres, ¿Qué le dirías? Soy tímido y un loco sexual. Muy buena persona en general.

07.- ¿Qué es lo que más te gusta de ti? FISICO: Los ojos y la boca. PERSONALIDAD: Que tengo muchos amigos. Bueno, en realidad muchas amigas, porque a los tíos me los follo (*más risas, esta vez histriónicas*).

08.- ¿Y lo que menos? FISICO: La barriga. Tengo que beber menos cerveza. PERSONALIDAD: No lo sé.

09.- ¿Te gusta escribir? No mucho. No lo practico.

10.- ¿Escribes a menudo? No.

11.- ¿Crees que escribes bien? No.

12.- ¿Hay algo en tu escritura que te llame la atención? No.

13.- ¿Hay algo en tu escritura que te gustaría cambiar, o hacerlo de otra forma? Nunca me lo he planteado.

* La muestra de escritura fue recogida en una libreta de anotaciones, por lo que su tamaño no es el habitual folio A4, sino un hoja cuadriculada, sin márgenes y de dimensiones de 12 x 8 centímetros. Se aumenta informáticamente para una mejor percepción global del escrito.

As iDo un EN cpnTo
AvERTe conocido
sois MpRivillos
y DGRodobles y
Lo que MUS ME he
Gustado de vosoTRos
que soic RespeTuosos
un beso Muy GRawpe

Personalidad del Caso 7

Capacidades intelectuales suficientes para desenvolverse con normalidad. Creatividad, facilidad de expresión, lógica y capacidad de observación le hacen salir casi siempre airoso de los problemas cotidianos que se le plantean.

Lo normal es que presente planteamientos claros y resuelva sin mayores dificultades, si bien, en ciertas circunstancias pueda llegar a la confusión debido a su imaginación desarreglada y en ocasiones desbordante, llegando a hacerle perder el contacto con la realidad.

Tiene fuerza de voluntad y una energía por encima de la media pero le puede la inconstancia. Esto implica quedarse muchas veces por el camino. No llegar.

Lo compensa con mucha naturalidad, optimismo, entusiasmo y una buena capacidad de resistencia a la frustración.

Sabiendo que no siempre es lo que más le conviene, se deja llevar por el corazón y las emociones, teniendo frecuentes pérdidas de control que no quiere y se afana por controlar.

Si se siente a gusto y tiene confianza abre su corazón. Eso no es lo habitual. Normalmente le cuesta relacionarse con la gente. No tiene demasiado buen

116

autoconcepto, lo que le crea inseguridades, haciéndole estar casi siempre a la defensiva y protegerse de los demás por si acaso. Intenta superar esas situaciones y alcanzar la paz que tanto le haría falta.

Su forma de vivir viene condicionada por temores, dudas, y represiones con respecto al futuro, viéndolo como algo amenazador y confuso.

Es una persona elegante, diplomático, amable, humano, sensible, vulnerable y sensual.

Seguidamente y como es habitual, se adjuntan algunas imágenes de rasgos llamativos de esta escritura con los cuales se completarán algunas facetas de la personalidad.

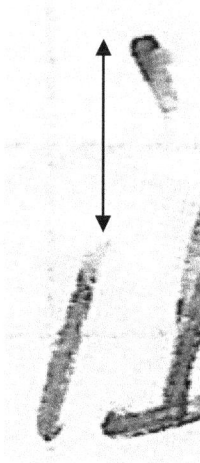   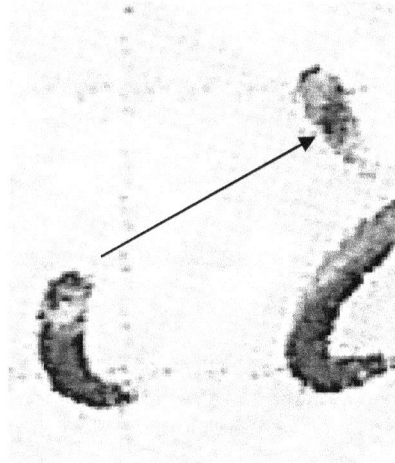

Imagen 1   *Imagen 2*

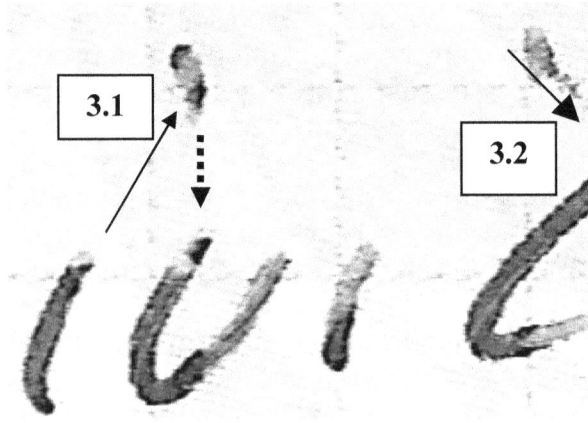

Imagen 3

En las tres imágenes anteriores se pueden apreciar los puntos de la "i" minúscula.

Estos tienen varias características. **Están situados muy alto respecto al Cuerpo Central *(1)*.**

Se encuentran muy avanzados o adelantados con relación a la propia letra *(2)*.

En ocasiones se sitúan sobre la letra contigua *(3.1)*.

No tienen forma de punto, sino de tilde, orientada hacia abajo en un plano inclinado *(3.2)*.

Todo lo anterior se puede interpretar como imprecisión en las tareas que realiza, dispersión de ideas, fallos de concentración mental y pérdida de control, adaptabilidad de carácter, distracciones, irrealidad, irreflexión tanto de acciones como en el terreno sentimental, imaginación desbordante y hasta utópica, pasión y cordialidad.

"R" mayúscula en la que destaca la zona superior derecha. Interpretable como la incapacidad para realizar los planes previstos. Demasiados proyectos quedaron inacabados por no tener una base real y efectiva, o por superar los límites y capacidades personales para realizarlos. Tal como dice el profesor Xandró, este rasgo escritural son *"castillos en el aire"*.

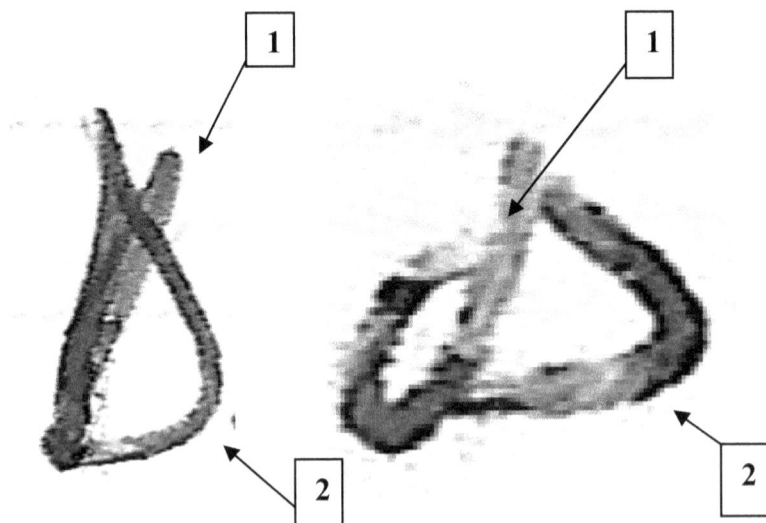

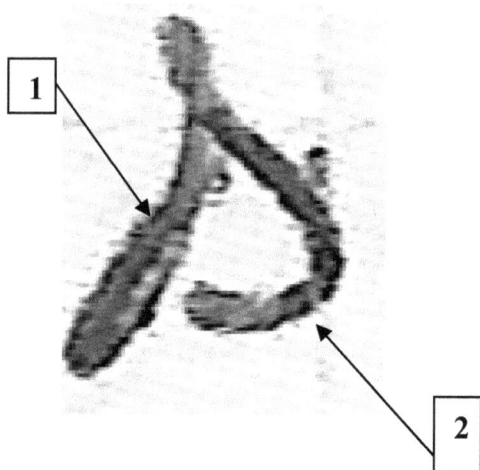

"A" mayúscula con doble rasgo inicial impreciso _(1)_ y travesaño bajo _(2)_, dando aspecto triangular a la letra. Típico de la persona que se autoengaña y no quiere ver la verdad del mundo que le rodea. Prudencia, inseguridad, introversión y vulnerabilidad. Está siempre a la defensiva. Mentiras para autoprotegerse. Hace gala de un autoritarismo encubierto. Quiere mandar sin que lo parezca, pero no lo consigue y si que lo parece. Como se suele decir, _"se le ve el plumero"_.

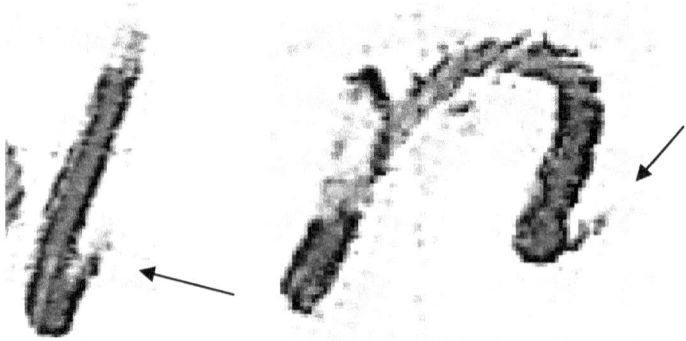

Ganchos inferiores

La presencia de **"Ganchos"** en la parte inferior de las letras nos está hablando de una persona egoísta. Con deseos de acaparamientos materiales, tales como dinero y bienes.

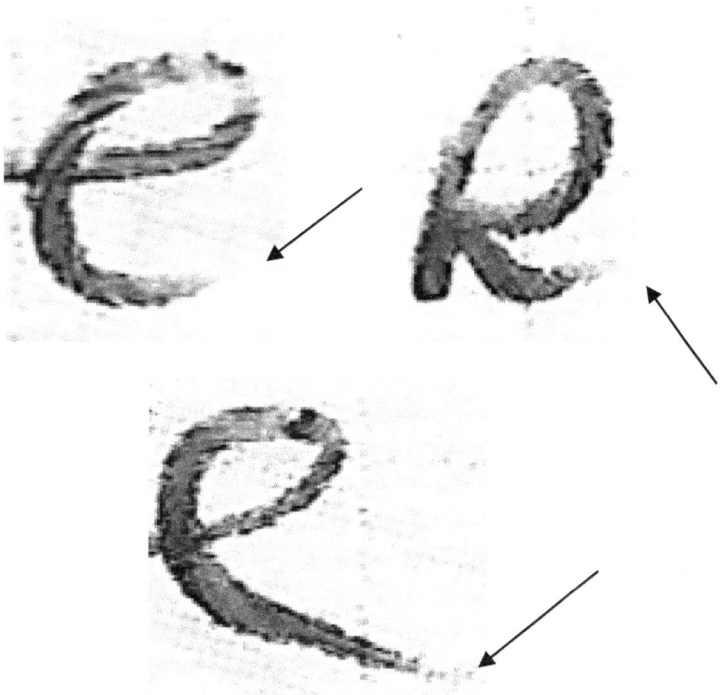

Finales de letras acerados o agudos, orientados genéricamente hacia la derecha. Gesto que evidencia una buena capacidad intelectual, orientada en este caso para ironizar, siendo capaz de herir la sensibilidad de su interlocutor con comentarios mordaces.

También se pueden apreciar ciertas peculiaridades, en este caso, relativas al mundo de la sexualidad. Algunas de ellas son las que siguen.

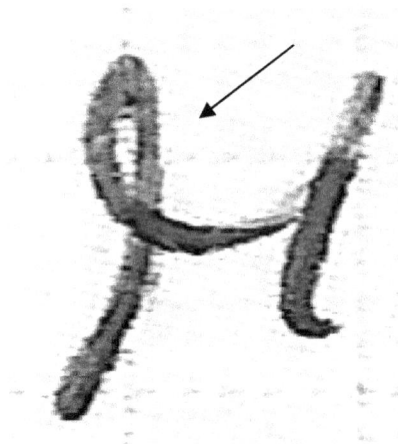

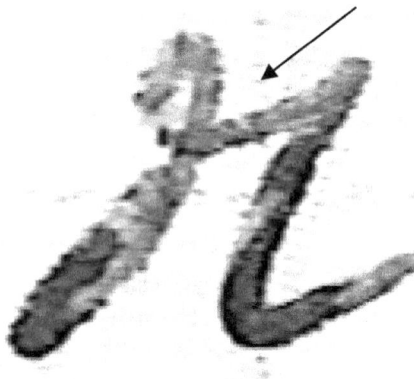

La letra "M" mayúscula es poseedora de un gracioso y artístico bucle inicial, en la parte superior del primer monte. Característico de personas con deseos de seducir. Coquetería femenina no exenta de imaginación.

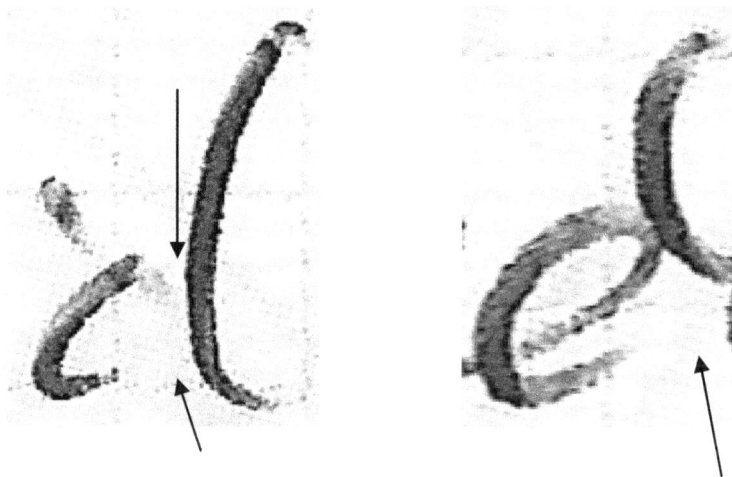

"d" minúscula hecha en dos veces, con óvalo separado de la barra. Aislamiento Introversión. Intentos por huir del ambiente que le rodea. En el caso de la persona que nos ocupa, y sabiendo que se dedica a la prostitución, creo que no sería desacertado decir que, si bien, esta actividad le reporta beneficios como es la consecución de sus objetivos materiales, el mundo que le rodea no le gusta. No cumple con las expectativas que se había imaginado. No atesora sus anhelados ideales. Es casi seguro, que cuando tenga la más mínima oportunidad se alejará de esta actividad.

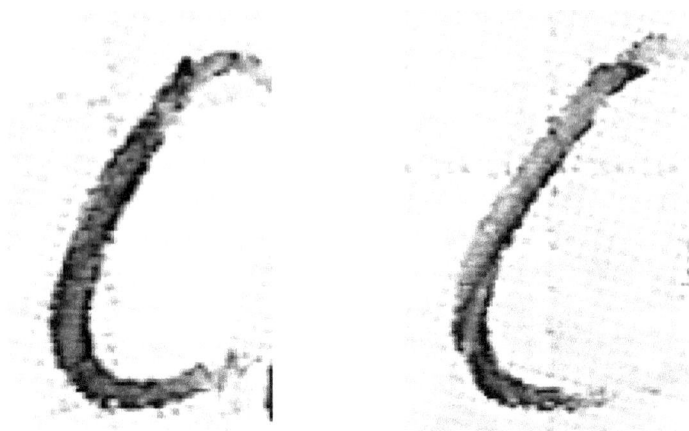

"C" mayúscula muy abierta, casi como una ligera "L" también mayúscula. Denota sobre todo una gran indefensión afectiva. Vulnerabilidad y escasas defensas en el terreno de los afectos y las relaciones sentimentales.

Debido a esa vulnerabilidad, sentimentalmente hablando, está siempre a la defensiva para que no le hagan daño.

Ya que tiende a verse desprotegido es por lo que creo que en su muestra de escritura valora tanto el ser tratado con respeto.

Textualmente en su escrito se expresa así, "... *lo que más me ha gustado de vosotros es que sois respetuosos"*.

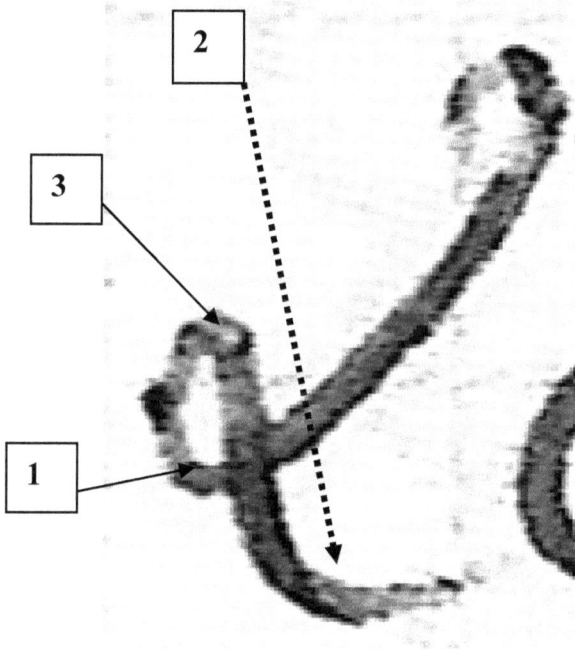

"L" mayúscula con bucle a la izquierda *(1)*, y rasgo descendente *(2)* formando ángulo en su parte superior *(3)*.

Según la tipología de esta letra nos encontramos ante una persona vanidosa, oportunista y con claros deseos de escalar puestos socialmente.

En el terreno sexual y sensual es habitual que tenga éxito en sus conquistas. La sensualidad juega un papel predominante en su vida.

◘ ◘ ◘

Rasgos comunes en los casos estudiados

En este apartado se hace una recopilación de los rasgos de personalidad en los que más coinciden las siete personalidades analizadas en este estudio.

Estos rasgos personales se han encuadrado en dos grandes grupos.

El primero de ellos se denomina *"Características Genéricas de la Personalidad"* y está compuesto por aquellas facetas de la personalidad donde más coincidan los entrevistados, encontrándose aquí agrupadas las *"capacidades intelectuales"*, las *"capacidades volitivas"* y el *"comportamiento"*.

Por no ser el tema principal de estudio no haremos clara división de las numerosas facetas que componen estos tres grandes grupos de la personalidad.

Por último se añade un segundo gran grupo, por ser el motivo principal del presente y al que se a titulado como *"Capacidades de Comportamiento Sexual"*.

Cabe destacar que ha pesar del principio de investigación que mueve este estudio, es posible que las presentes conclusiones puedan arrojar un resultado sesgado y no aplicable por tanto a toda una comunidad o colectividad. Esto se debe fundamentalmente a dos causas primordiales.

La primera de ellas es imputable al escaso número de muestras de escritura reunidas. No es fácil la recopilación debido a la naturaleza de los entrevistados así como la del entrevistador, que socialmente y a priori se les ve como antagonistas, aunque cuando hay buena voluntad, y tal como se puede leer en los textos manuscritos, los propios entrevistados/as manifiestan sentirse satisfechos con la experiencia vivida y el trato recibido.

La segunda de las causas y no menos importante por ello, es la especial situación que viven las siete personas entrevistas.

Proceden de ambientes sórdidos y de exclusión social. La prostitución callejera, las fiestas privadas, así como los locales de alterne y espectáculos son su mundo, su forma de vivir y lo que les proporciona el sustento diario.

Está claro que no todos los transexuales y travestidos tienen que ver con este mundo.

Seguramente hay muchos, aunque tristemente no una mayoría, que tienen los recursos necesarios para llevar una vida "normal", sin tener que verse abocados a este tipo de actividades.

Seguidamente las conclusiones.

► *Primer Grupo.*

Características Genéricas de la Personalidad

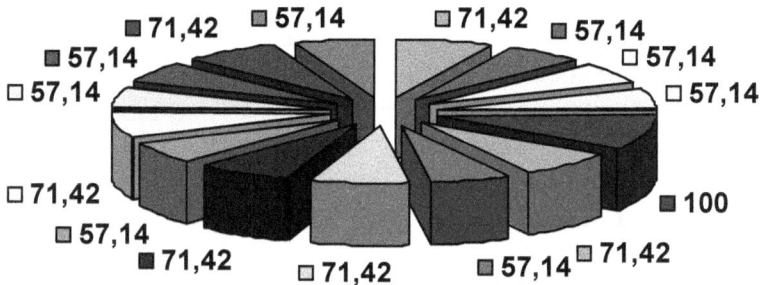

☐	Inteligencia
▨	Imaginación Desarreglada
☐	Confusión
☐	Irrealidad
■	Miedo al futuro
▨	Autoafirmación
▨	Complejo de Inferioridad
☐	Introversión
■	Pérdida de Control
▨	Materialismo
☐	Amabilidad
☐	Diplomacia
▨	Vulnerabilidad
■	Adaptabilidad
▨	Inseguridad

En el grafico anterior se han plasmado todas las facetas de la personalidad que son comunes a los siete entrevistados en un tanto por cien superiores al 57%. Es muy llamativo que en todas las muestras coinciden el miedo al futuro (en algunos casos abrumador), en un 100%.

Existen otras muchas facetas pero que son coincidentes solo en dos o tres de los entrevistados. Por enumerar algunas de éstas, nos referiremos al *miedo al rechazo social, asertividad, empatía, violencia, capacidad de sufrimiento, intransigencia, gusto estético, altruismo, capacidad de intriga*, etc.

En menor grado se observan en algunas de las muestras síntomas de enfermedades físicas tales como las del aparato circulatorio o las cardio-pulmonares.

Hay también presencia de afecciones psíquicas como tendencias a estados depresivos, latencias de tipo histeroide u obsesiones.

Se ha detectado también un caso de trastorno del aparato psicolocomotor.

► *Segundo Grupo.*

Capacidades de Comportamiento Sexual

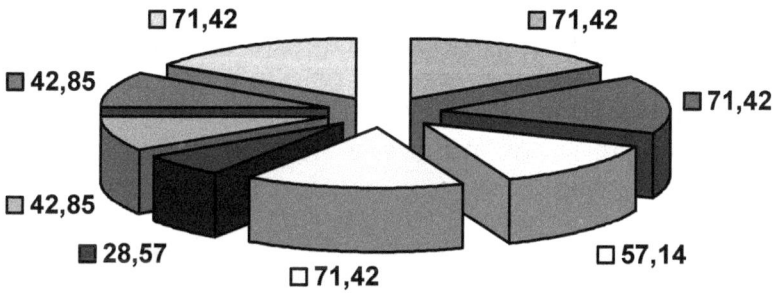

□ 71,42   ■ 71,42

■ 42,85

■ 71,42

□ 42,85

■ 28,57   □ 57,14

□ 71,42

- ■ Sensualidad
- ■ Bloqueos de la libido
- □ Sensibilidad femenina
- □ Coqueteria femenina
- ■ Aventuras amorosas
- ■ Entrega reticente
- ■ Femineidad
- □ Imaginación desbordante

En el diagrama se especifican los parámetros en los que más coinciden las siete personalidades analizadas. Se expresan también el porcentaje de coincidencia.

Los mayores porcentajes corresponden a dos aspectos positivos y deseables por los interesados, como son la *coquetería femenina* y la *sensualidad*.

Con el mismo porcentaje anterior se manifiestan los "fantasmas de la psique", ya que aparece la *imaginación desbordante*, quizá como consecuencia de construirse un mundo a medida y huir de la siempre difícil realidad.

De la mano de la *imaginación desbordante* o como consecuencia de ella, se aprecian importantes *bloqueos de la libido*, obstaculizando el natural y deseable disfrute sexual.

Existen otras facetas que son coincidentes pero en menor medida, como son la *sexualidad realista*, el *exhibicionismo*, la *tortuosidad en las relaciones*, la *indefensión afectiva* o el *chantaje emocional*.

◘ ◘ ◘

BIBLIOGRAFÍA

"Curso Superior de Grafología". Cenpsigraf. Año 2007

"Desarrollo del lenguaje: Lineamientos Piagetianos". Johnston, Andrew y Elizabeth. Editorial Médica Panamericana. Año 1996

"Diccionario de la Psicología". Sillamy, Norbert. Ediciones Plaza & Janes. Año 1974

"Diccionario jurídico-pericial del documento escrito". Viñals Carrera, Francisco. Puente Balsells, Mª Luz. Editorial Herder. Año 2006

"Grafología. Análisis de firmas, significado y terapia". González González, Jesús. Ediciones Manakel. Año 2005

"Grafología, sexualidad y pareja". Ramos Gascón, Carlos. Ediciones Xandró. Año 1996

"Grafología Superior". Xandró, Mauricio. Ediciones Herder (4ª edición revisada). Año 1991

"Grafopatología". Xandró, Mauricio. Ediciones Xandró. Año 2001

"Manual Diagnóstico y Estadístico de los Trastornos Mentales". DSM-IV-TR. Año 2009

"Nuestra Sexualidad". Crooks, Robert. International Thomson Editores. Año 2003

"Transexualidad. La búsqueda de una identidad". Becerra Fernández, Antonio. Editorial Díaz de Santos. Año 2003

"Vademécum Internacional". CMP Medicom Editorial. Año 2007

Como complemento a la bibliografía expuesta, se consultan numerosos artículos relacionados con la temática, que se encuentran disponibles en páginas públicas de internet.

◻   ◻   ◻